RÉSUMÉ

DE L'HISTOIRE

DE NAPOLÉON.

Sous presse.

RÉSUMÉ de l'histoire de la maison de Bourbon, par M. Dourille ; 1 vol. in-18.

MANUEL du chronologiste et de l'historien, ou résumé chronologique de l'histoire du Monde, depuis Adam jusqu'à nos jours, par le même ; 1 vol. in-18.

DE L'IMPRIMERIE D'A. BÉRAUD,
Rue du Foin-Saint-Jacques, N° 9.

NAPOLÉON BONAPARTE.

RÉSUMÉ

DE L'HISTOIRE

DE NAPOLÉON

ET DES ARMÉES

QUI ONT ÉTÉ SOUS SON COMMANDEMENT;

Par M. J. Dourille.

A Paris,

ROBERT, ÉDITEUR,
Cour du Commerce, n° 2;

PONTHIEU, LIBRAIRE, Palais Royal,
Galerie de bois.

1825.

INTRODUCTION.

La naissance, l'élévation rapide et presque miraculeuse, les exploits et les fautes de l'homme extraordinaire qui fit trembler toute l'Europe coalisée, ont été le sujet de bien des discussions. La plupart des auteurs contemporains ont écrit, ou plutôt composé l'histoire des actions de la vie de ce grand capitaine. Leurs ouvrages, enfans des spéculations, n'ont été faits que dans la vue d'exploiter, à leur bénéfice, l'esprit de parti qui les dictait. Aussi, sont-ils pleins de réflexions, dont le moindre défaut est de n'avoir aucun rapport avec le sujet qu'ils traitent ; et, comme l'homme qui veut juger des actions de son semblable se ramène toujours en soi, l'on peut dire que leurs jugemens diffèrent peu de celui que pourrait émettre un aveugle sur la forme et la beauté d'un meuble précieux dont il n'aurait entendu parler en aucune façon.

Napoléon est un homme à part, et, par cela seul, très-difficile à apprécier; d'ailleurs son histoire se compose de faits si extraordinaires, si grands, quelquefois sublimes, quelquefois aussi tenant de bien près à la puérilité, qu'on doit se montrer plutôt avare que prodigue de réflexions. Je pense que le plus impartial de ses écrivains sera celui qui se contentera de rapporter, avec exactitude, tout ce que son génie lui a inspiré de grand ; tout ce que la passion de dominer lui a fait commettre de répréhensible et quelquefois de criminel. Il est vrai qu'en écrivant des faits qui nous intéressent de si près, des faits qui se sont passés, pour ainsi dire, sous nos yeux, et dont nous avons entendu parler si diversement, il ne nous est guère possible de renfermer en nous-mêmes une opinion que bien souvent nous croyons la seule plausible.

C'est ainsi, qu'un républicain

ne peut le voir s'emparer de la République, sans crier au tyran; qu'un royaliste ne peut le voir avec la couronne sur la tête, sans crier à l'usurpateur. Et cependant le républicain et le royaliste peuvent être dans l'erreur. En effet on pourrait dire, pour défendre le patriotisme de Napoléon, que les absurdités du Directoire lui firent prendre en haine le régime républicain; et certes, cette haine est bien excusable, lorsqu'on se rappelle les plaies que ce régime fit à la France, et les convulsions terribles auxquelles il assujettit la Patrie, convulsions qui la noyèrent si souvent dans le sang de ses enfans, et qui auraient fini tôt ou tard par consommer sa ruine. On l'accuse d'usurpation ? mais, de bonne foi, peut-on lui faire un crime d'avoir mis sur sa tête une couronne dont les héritiers légitimes venaient d'être exclus par une commotion politique, et dont le retour n'était pas possible, à cause des progrés de la fièvre révolutionnaire. Les esprits étaient encore tellement irrités, que Napoléon, avec toute la puissance de l'influence qu'il exerçait sur la plupart des esprits, n'aurait peut-être pas réussi, s'il l'eût tenté, à replacer les Bourbons sur le Trône de leurs pères.

A présent, je demanderai à tel et tel de ceux qui le blâment aujourd'hui, et qui l'ont prôné dans un autre temps, je leur demanderai, dis-je, quelle conduite ils auraient tenue, si le sort leur eût offert l'occasion de satisfaire leur ambition ; car tous les hommes en ont de l'ambition. N'est-il pas un ambitieux le pontife qui, pour dominer plus sûrement les esprits, revendique le droit de disposer des trônes ; droit qu'il prétend avoir reçu de Dieu même? N'est-il pas un ambitieux le ministre qui affame la patrie, dans le seul but d'assurer sa soif insatiable de l'or, et qui prétexte toujours pour l'État des besoins nouveaux, afin de lui imposer de nouveaux sacrifices qu'il puisse exploiter à son bénéfice? On n'en finirait pas, si l'on voulait rappeler tous les genres d'ambition. Mais, une pareille discussion nous entraînerait à des considérations trop étrangères à l'histoire extraordinaire de l'homme qui nous occupe.

Nous nous hâtons donc de dire un mot sur l'ouvrage que nous présentons au public.

Cet ouvrage est le récit succinct et impartial des événemens auxquels ce grand capitaine a présidé depuis notre révolution. Il n'est aucun fait, un peu important, qui n'y soit mentionné : le lecteur y trouvera même quelques détails généralement ignorés, notamment sur les opérations de l'armée royaliste du midi en 1815. Toutefois l'auteur a cru devoir les décrire avec autant de concision que celles qui les ont précédées. Il a cru également qu'il convenait de laisser aux Français le soin d'apprécier et de juger des hommes et des choses d'après les faits qu'il rapporte avec autant de brièveté que d'exactitude.

RÉSUME

DE L'HISTOIRE

DE NAPOLÉON,

Et des Armées qui ont été sous son commandement.

PREMIÈRE ÉPOQUE.

Cet homme, qui fit si long-temps les destinées de l'Europe, et dont le nom se rattache à de si glorieux souvenirs, Napoléon naquit à Ajaccio, en Corse, le 15 août 1769. Que son origine soit noble ou roturière, peu importe à l'histoire ; c'est une question d'un si mince intérêt, qu'elle ne mérite guère une discussion sérieuse. Nous la négligerons entièrement, laissant à d'autres le soin de donner à ce héros des aïeux plus ou moins illustres; et nous ferons observer seulement que son admission dans une école, destinée à recevoir la jeune noblesse, doit faire présumer qu'il appartenait à la caste privilégiée. Les hommes, accoutumés à juger de tout sans passion, adopteront cette opinion d'autant plus facilement, qu'on n'a pas oublié que son père, Charles Bonaparte, fut choisi, en 1779, par la noblesse Corse, pour la représenter auprès du roi de France.

Napoléon, âgé alors seulement de dix ans, suivit son père qui obtint pour lui une place à l'École militaire de Brienne, d'où, après un séjour de quatre ans, il passa à celle de Paris. Son application à l'étude des sciences, et particulièrement des mathématiques, lui valut de bonne heure, un brevet de lieutenant en second dans le régiment de la Fère (Artillerie).

Napoléon, suivant d'abord l'impulsion imprimée aux esprits par la révolution, et peut-être libre encore de la passion de dominer, se rangea de bonne foi sous les enseignes républicaines, et les défendit avec toute l'ardeur qu'on lui a connue. On n'a pour se convaincre de la vérité de cette assertion, qu'à consulter sa correspondance avec Paoli, qui était alors en Angleterre; elle respire ce patriotisme désintéressé, ignoré des âmes communes, et dont le grand homme seul est capable. « J'ai » été très-chaud patriote et de fort » bonne foi, au commencement de la » révolution, » dit-il dans les mémoires qu'il a écrits pendant son séjour à Sainte-Hélène; « je me suis refroidi » par degrès, à mesure que j'ai acquis » des idées plus justes et plus solides.

» Mon patriotisme (*) s'est affaissé sous
» les absurdités politiques et les mons-
» trueux excès civils de nos législa-
» teurs. Enfin ma foi républicaine a
» disparu lors de la violation des choix
« du peuple par le Directoire, au temps
» de la bataille d'Aboukir. » Ces paroles ne laissent aucun doute sur le mépris que Napoléon avait voué au Directoire, et expliquent jusqu'à un certain point ses efforts pour le renverser, mais sans justifier les coups terribles portés par lui à nos libertés qu'il détruisit, et qui finirent par l'entraîner dans leur chute.

Cependant les chefs de la révolution poursuivaient, avec un zèle infatigable,

---

(*) Les lecteurs ne doivent pas perdre de vue qu'au temps dont parle Napoléon, les mots de *patriote* et de *républicain* avaient la même acception.

leur système de destruction, et la Corse se trouvait, comme les autres provinces, en proie aux proscriptions et au pillage. Napoléon, alarmé pour sa famille, obtint un congé, et alla, par sa présence, rassurer des parens accoutumés déjà à voir en lui leur génie tutélaire. Ce fut vers cette même époque, et en 1792, que Paoli, de retour à Paris, fut nommé lieutenant-général des armées françaises, et commandant de la 23e division militaire. Presqu'en même temps, Bonaparte fut promu au commandement d'un des bataillons de la garde nationale organisés pour le maintien de la tranquillité publique; il est bon de dire que ceux des Corses qui s'étaient opposés à la réunion de leur île à la France, s'agitaient de nouveau, et, grossissant leurs rangs de tout ce que la révolution avait fait de mécontens, ils formaient déjà un parti redoutable,

*

que le gouvernement français devait chercher à contenir. Ajaccio était le foyer de l'insurrection qui recevait l'impulsion de Péraldi, ennemi juré de la famille de Bonaparte. Le jeune Napoléon marcha contre lui, et les succès qu'il obtint sur ses troupes, réduisirent à l'inaction son ennemi; mais Péraldi, trop sensible à sa défaite, et surtout pas assez difficile sur le choix de sa vengeance, s'oublia jusqu'à jouer le rôle infame de délateur, en voulant persuader au gouvernement français que le jeune vainqueur avait lui-même provoqué les troubles qu'il venait de réprimer. Bonaparte court à Paris, se justifie, est simple spectateur du drame de la fameuse journée du 10 août, et retourne à son poste. A peine arrivé, il apprend que Paoli s'est fait le chef de l'insurrection, et, qu'appuyé de ce grand nom, le parti qui veut rendre la Corse indépendante se nourrit déjà de l'espoir d'un facile succès. Cet événement jeta Napoléon dans une grande perplexité : d'un coté, il se devait à la France de laquelle il avait accepté des fonctions ; de l'autre, la reconnaissance lui faisait un devoir de ne pas se séparer d'un homme qui avait été son protecteur, et à l'école duquel il avait perfectionné ses talens militaires. Enfin, après bien des incertitudes, la patrie l'emporta sur l'amitié ; ayant subitement rompu avec Paoli, Bonaparte informe le gouvernement de ce qui se passe ; et, chargé de s'opposer aux entreprises de ce général, il l'attaque ; mais, trop faible pour résister aux nombreux mécontens qui suivaient les drapeaux de son adversaire, il fut bientôt contraint d'abandonner sa patrie : c'est alors que, frappé avec toute sa famille d'un arrêt de proscription, il alla s'établir à Marseille, où il vit, pour la première fois, le représentant du peuple, Barras, de la pusillanimité et de l'imprévoyance duquel il a su si bien tirer parti.

Ses détracteurs ont écrit que la conduite de ses sœurs dans cette ville fut peu régulière, et blessa plus d'une fois la morale publique; mais cette assertion, dénuée de toute authenticité, ressemble tout simplement à une fable inventée par des ennemis, contraints de distiller leur rage dans des écrits calomnieux, pour ne pas être entièrement privés du plaisir de la vengeance. Du reste cette prétendue dissolution des sœurs de Bonaparte importe fort peu à notre histoire; et nous l'aurions passée sous silence sans l'affectation de quelques écrivains à vouloir la faire regarder comme une tache à la gloire du grand homme dont nous écrivons la vie.

En quittant la Corse, Napoléon jura

d'effacer, par quelque action éclatante, l'affront qu'il venait de recevoir; l'Europe sait s'il a tenu parole, et si Paoli avait eu raison de s'exprimer ainsi à son égard : *c'est un jeune homme taillé à l'antique; c'est un homme de l'histoire de Plutarque.*

Telle est la haute idée que Napoléon donna de son génie, dans un âge où d'autres n'ont pas encore secoué la poussière des classes. Aussi, sur la fin de 1793, lorsque des traîtres eurent livré Toulon aux Anglais, et que l'armée de la République, commandée par des généraux qui n'avaient d'autre science en l'art de la guerre, qu'un ardent patriotisme, se consumait en efforts impuissans autour des remparts de cette ville, les représentans Salicetti, Albitte et Barras jetèrent les yeux sur Napoléon, comme sur l'homme dont le génie était le plus capable d'af franchir le sol de la République de la présence de ses ennemis. Ils le nommèrent chef de bataillon, commandant l'artillerie de siége. Dans cette conjoncture, Bonaparte eut non seulement à lutter contre les efforts et la vaillance d'une armée considérable, sous les ordres de géneraux expérimentés; mais encore contre l'ignorance de ses chefs, dont il fallait ménager l'amour-propre, et qui, bien souvent, refusaient de se rendre à l'évidence, non point dans le dessein de compromettre la patrie; mais au contraire, dans la crainte de l'exposer à la trahison.

Enfin, après bien des efforts, et lorsque la République eut donné à l'armée qui assiégait Toulon, un chef digne d'elle, un général capable de ne pas devoir la victoire au hasard seulement, Bonaparte ne trouva plus d'obstacles à ses savantes manœuvres; et, aidé de l'expérience de Dugommier, il parvint à s'emparer de Toulon. Cette victoire lui mérita l'admiration de l'armée entière, qui le proclama son libérateur; et, ce jour là même, le jeune commandant fut élevé au grade de général de brigade, commandant l'artillerie de l'armée d'Italie. Il entrait dans sa vingt-quatrième année, et son coup d'essai, avait déjà révélé l'homme extraordinaire, l'homme qui devait un jour disposer des trônes de l'Europe. La victoire ne lui fut pas moins fidèle aux combats d'Oneille, du col de Tende, du Caïre; et voici de quelle manière le général Dumorbion, qui commandait en chef, s'exprime à l'égard du héros adolescent, dans une lettre qu'il adressa au gouvernement: *c'est aux talens et aux savantes combinaisons de Bonaparte qu'il doit la victoire.*

On s'imagine bien qu'une carrière,

commencée sous de si glorieux auspices, ne pouvait manquer d'exciter l'envie. Napoléon voulait qu'on profitât de ses premiers succès, pour envahir le Piémont; mais ses triomphes et l'affection que les soldats s'accoutumaient à lui témoigner, firent peur au représentant du peuple, Aubry, qui était alors chargé de l'administration de la guerre. Ce ministre résolut donc d'enlever le jeune général aux compagnons de sa gloire; la circonstance favorisait on ne peut mieux ses noirs desseins. Il venait de recevoir l'ordre de s'occuper d'une nouvelle organisation; et c'est alors qu'il voulut, mais en vain, faire passer Napoléon dans l'armée de l'Ouest. Les refus du guerrier irritèrent Aubry, qui lui ôta le commandement de l'artillerie, croyant sans doute, par cette humiliation, le décider à se soumettre à ses volontés; mais, trop fier pour fléchir devant les caprices d'un homme, Bonaparte fit entendre des plaintes qui restèrent sans effet. Alors il se retira à Paris, où il vécut dans la retraite, comme un philosophe observateur, soucieux et surtout peu communicatif. Ainsi fut condamné à l'inaction l'un des génies les plus remarquables en l'art de la guerre, et la jalousie d'un homme nul priva momentanément la patrie des services qu'elle avait le droit d'en attendre.

Quelque temps après, Aubry est enfin révoqué de ses fonctions. Pontécoulant, qui lui succède, a le bon esprit de ne pas l'imiter dans sa haine pour Bonaparte; il le recherche et l'invite à aider de ses talens le comité de la guerre, dans la confection d'un plan de campagne.

Mais le jeune héros ne jouit pas longtemps des faveurs ministérielles; elles cessèrent avec les fonctions de Pontécoulant. Letourneur dédaigna de s'en servir. On assure, qu'ennuyé de vivre dans l'inaction, et de ne pouvoir s'opposer aux turpitudes du gouvernement, il avait formé le dessein d'aller faire l'offre de ses services à La Porte. Ce fut pendant qu'il méditait l'exécution de ce projet, s'il faut avoir foi aux bruits accrédités dans le public, à ce sujet, qu'il connut madame de Beauharnais, dont l'esprit et les charmes agirent si puissamment sur l'esprit de Napoléon. On sait que Barras fit naître ces affections amoureuses, et qu'il négocia lui-même le mariage qui conserva Bonaparte à la France.

Cependant, cette union ne fut consommée que cinq mois après le 13 vendémiaire, c'est-à-dire, lorsque Barras eut fait servir au triomphe de la Convention, violemment attaquée par les sections de Paris, les talens du jeune général, qui cherchait déjà peut-être en lui-même les moyens de renverser cette puissance absurde, dont l'existence, appuyée sur des fautes sans cesse renouvelées, et sur une effusion presque continuelle de sang, était un problême pour la raison, et un outrage à l'humanité.

La facilité avec laquelle Bonaparte était parvenu à comprimer le parti opposé aux conventionnels, fut un trait de lumière pour son ambition, et lui révéla toute sa force. Il jugea, et avec raison, qu'un état, livré à l'anarchie et déchiré par de grandes convulsions politiques, pouvait devenir, sans peine, la conquête d'un homme doué du génie de la guerre et d'un esprit entreprenant Il lui fallut néanmoins se contenter, pour le moment, d'un rôle secondaire, et sacrifier à l'idole qu'il venait lui-même d'élever.

Le Directoire, formé des débris de la Convention, reconnut pour chef Barras, qui se démit en faveur de Napoléon, du commandement de l'armée destinée à soutenir dans l'intérieur le nouvel ordre de choses. Quelque temps après, le chef du Directoire est contraint d'abdiquer le pouvoir suprême; et Carnot, qui lui succède, appréciateur non moins juste qu'éclairé des talens de Bonaparte, l'appelle à diriger les opérations de l'armée d'Italie.

La France avait alors à lutter contre les forces réunies de l'Autriche, de l'Angleterre, du Piémont, de Naples; de la Bavière et de tous les petits états de l'Italie et de l'Allemagne. L'armée que la République opposait à tant d'ennemis, composée de jeunes soldats, manquait de cette expérience qui donne le courage, et qui inspire le mépris du danger; mais aussi elle était dévouée de bonne foi à la défense de la liberté; elle aimait la patrie, et ces vertus valent bien l'habitude des camps. Depuis près de cinq mois, cette armée languissait dans une espèce d'abandon, et périssait tous les jours, vaincue par le dénûment auquel la puérilité du gouvernement l'avait condamnée.

Tel était l'état des troupes dont le Directoire venait de remettre le commandement à Napoléon, alors âgé de 27 ans. Elles comptaient, il est vrai, dans leurs rangs, des généraux déjà connus de la victoire, et illustrés par beaucoup de vaillance : on sait les hauts faits d'Augereau, de Masséna, de Kellerman et de Serrurier.

D'après ce que nous venons de dire, il est évident que le moral de l'armée devait être peu disposé en faveur de nos tyrans républicains; et, sans l'enthousiasme de la liberté dont elle était dévorée, les généraux ne l'auraient contenue qu'avec beaucoup de peine dans les bornes d'une obéissance passive. Il était donc de l'intérêt du nouveau général de refaire ce moral, et d'inspirer aux soldats cette confiance qui en fait souvent autant de héros. Aussi Napoléon se montra-t-il soigneux de leur complaire, leur parlant avec beaucoup de douceur, et se dépouillant, pour ainsi dire, de sa dignité. « Camarades, dit-il, » en arrivant, vous manquez de tout » au milieu de ces rochers : jetez les » yeux sur les riches contrées qui sont » à vos pieds ; elles vous appartiennent ; » allons en prendre possession ». Ces mots, prononcés avec ce ton d'assurance qui ne permet pas de douter, électrisent l'armée : ses colonnes s'ébranlent, on marche à l'ennemi, il est vaincu. Tout se disperse et tout fuit ; Piémontais et Autrichiens, frappés d'une égale terreur, ne se croient pas en sûreté dans les villes les mieux fortifiées : les généraux Provera, Colle, Beaulieu et Argenteau se consument en efforts impuissans pour les rallier. Douze mille hommes tués ou blessés, quarante pièces de canon, les forteresses de Coni, de Ava, de Tortone et d'Alexandrie, tombées au pouvoir des Français, furent le fruit d'un combat de quelques heures.

Le roi de Sardaigne, intimidé par des succès ainsi rapides, s'empresse de demander la paix, et pour l'obtenir, il ordonne l'évacuation de son territoire par les Autrichiens. Ainsi, en moins d'une semaine, tout le Piémont reconnaît la loi des Français, et déjà l'armée victorieuse est aux portes de l'Italie. Mais, écoutons Napoléon lui-même : « Demain, écrit-il de Chérasco » au Directoire, demain, je marche » sur Beaulieu ; je l'oblige à repasser

» le Pô ; je m'empare de toute la
» Lombardie, et avant trois mois,
» j'espère être sur les montagnes du
» Tyrol, trouver l'armée du Rhin et
» porter de concert la guerre dans la
» Bavière. »

Restait à faire une conquête importante : Mantoue, seule, pouvait assurer les communications entre le gros de l'armée et les détachemens qu'on avait laissés dans les forteresses dont on s'était emparé. Bonaparte, infatigable quand il s'agit de conquêtes, voulait tenter l'assaut ; mais la timidité de Salicetti, commissaire du Directoire, soutenue de toute l'influence de Berthier, chef d'état-major, qui, dans cette occasion ne compta peut-être pas assez sur les ressources du génie du général en chef, s'opposèrent à cette entreprise ; ils dirent qu'il y avait de la témérité à exposer ainsi au destin du siége d'une ville, très-bien fortifiée et défendue par une garnison nombreuse, tous les fruits d'une campagne aussi pénible qu'elle avait été glorieuse. Cette concession, qu'il fut obligé de faire à l'autorité du nombre, ne servit qu'à redoubler son ardeur. De Plaisance, il vole à Lodi dont le pont, défendu par une artillerie imposante, semblait devoir intimider l'armée la mieux aguerrie, le soldat le plus intrépide comme le plus téméraire.

Napoléon vient à bout de le passer, malgré le feu de la mitraille qui vomissait la mort dans nos rangs; et ce coup d'un courage intrépide, d'une âme sublime, le rend maître de Lodi et de la Lombardie entière. Cette victoire acheva de couvrir d'une gloire immortelle l'armée d'Italie, et fit présager tout ce qu'on pouvait attendre du génie de l'homme extraordinaire qui la dirigeait.

L'espoir de se maintenir en Italie n'était plus permis aux Autrichiens ; de toutes les places importantes qui pouvaient en retarder la conquête, ils n'avaient plus que Mantoue, et encore leur jeune vainqueur paraissait-il s'en éloigner avec regret, et de manière à ne pas laisser douter que, dans peu, il reviendrait en prendre possession.

Telle était en Italie la situation déplorable des Autrichiens : la retraite était leur seule ressource, et quelle retraite ! Harcelés de tous côtés par l'avant-garde de l'armée française, ils se sauvaient en désordre dans les montagnes du Tyrol, où ils étaient attaqués tous les jours : Bonaparte y conduisit le gros de son armée, après avoir laissé, dans les environs, un corps de troupes chargé d'observer cette ville, afin de ne pas exposer ses derrières aux dangers d'une surprise. C'est alors qu'après s'être concerté avec les généraux des deux armées du Rhin, il informe le Directoire de sa position, et lui fait entendre qu'un moment d'armistice l'exposerait au plus grand péril. Voici ce qu'il écrivait à Carnot à ce sujet : « Je m'imagine qu'on se bat sur » le Rhin. Si l'armistice continuait, » l'armée d'Italie serait écrasée. Il se» rait digne de la République d'aller » signer le traité de paix avec les trois » armées réunies dans le cœur de la » Bavière ou de l'Autriche étonnées. » On entendait encore le canon de Lodi, que Pizzighitone et Crémone étaient au pouvoir des Français.

Mais ceux qui étaient alors à la tête du gouvernement ne virent pas, sans inquiétude, l'affection de l'armée pour son général. La facilité avec laquelle celui-ci disposait du moral des soldats, alarma le Directoire pour la cause de la liberté, ou plutôt il craignit de se voir enlever sa puissance. Pour se délivrer de ses anxiétés, il résolut de retirer à Napoléon une partie du pouvoir qu'il lui avait confié, en lui associant Kellerman dans le commandement en chef de l'armée. Le jeune héros s'y refuse, et ses refus décèlent le grand homme, l'homme le plus sincèrement dévoué au bien de la patrie. Après avoir signalé, dans une lettre au Directoire, les dangers de ce partage, il pousse le désintéressement jusqu'à offrir de se démettre du commandement. « Le général Kellerman, dit-il, a plus » d'expérience, et la fera mieux que » moi (la guerre) ; mais tous les deux » ensemble, nous la ferons mal.)» Ces paroles font le plus grand honneur au patriotisme de Napoléon, et sa conduite, en attendant les décisions du Directoire, prouve qu'il savait se mettre au-dessus de l'injustice, lorsque l'intérêt de l'État l'exigeait. En effet, l'espèce d'affront dont le gouvernement voulait payer ses services ne l'arrêta pas dans ses succès ; et à peine a-t-il fait partir la lettre dont nous venons de parler, qu'il entre victorieux dans Milan.

Alors le Directoire cessa de se montrer contraire aux volontés du jeune conquérant; et, loin de mettre des entraves à ses desseins, il lui donna la libre disposition des affaires en Italie. On ignore les motifs qui purent amener les chefs du gouvernement à de si grandes concessions. Est-ce parce qu'ils craignirent pour leur puissance ? ou bien est-ce qu'ils crurent ne pas devoir pousser à bout un général dont les hauts faits pouvaient agir si puissamment sur l'esprit de la multitude ? Quoi qu'il en soit, il appela Kellerman à un autre commandement, et lui remit la garde de toutes les places qui avaient été cédées à la France par le traité de Turin.

Pendant que tout se réglait ainsi dans les bureaux du Directoire, l'armée française, toujours sous les ordres de Napoléon, s'emparait du château de Milan, après un siége de quelques jours ; cent cinquante pièces de canon qu'on y trouva avec d'autres munitions furent aussitôt dirigées sur Mantoue. L'Italie est purgée des Autrichiens ; le Tyrol a reçu leurs bandes désorganisées et poursuivies par Massena. Le général en chef passe le Mincio, achève de soumettre la Lombardie, tandis que Serrurier serre de près Mantoue, et en forme le blocus. Augereau fond de son côté dans la Romanie, s'empare d'une partie des États du Saint-Siége et contraint le chef de l'Église à accepter les conditions d'un armistice que le général Vaubois consent à lui imposer.

Cette suspension des hostilités donne à ce dernier le temps de prendre sur les Anglais le port avec la ville de Livourne.

Naples, Parme et Modène tremblent au bruit des succès aussi rapides que nombreux de notre armée ; et tous ces États pensent devoir acheter, par des sacrifices, la paix prête à leur échapper.

Restait encore aux Autrichiens la haute Italie et Mantoue, défendue par Beaulieu, à la tête d'une armée de trente mille hommes, à laquelle devaient bientôt se joindre trente mille soldats de l'armée du Rhin. De part et d'autre les généraux rassemblaient toutes leurs forces sur Mantoue, et il n'était plus douteux qu'il ne dût se décider, sous les murs de cette ville, du destin de la haute Italie.

Wurmser conduisait à Beaulieu un renfort de soixante mille hommes, et

Bonaparte ne pouvait opposer à ces corps nombreux quo quarante mille soldats, bien disposés, il est vrai, et prêts à tout entreprendre. Mais aussi, lui fallait-il, avec ce nombre, empêcher le passage des défilés qui conduisent de Brescia à Véronne et à Legnano; et en même tems répondre aux feux que ne cessaient de vomir sur lui les troupes enfermées dans Mantoue. Un événement imprévu vint le tirer heureusement de la position difficile où il s'était engagé. Il n'a pas plutôt appris que Quosdanovich se porte sur Brescia avec presque la moitié des soixante mille hommes de Wurmser, qu'il laisse devant Mantoue toute son artillerie, et seulement le nombre de troupes qu'il fallait pour amuser ce dernier, et lui faire croire qu'il ne renonçait pas au siége; il vole lui-même avec le reste de son armée, à la rencontre de Quosdanovich, qui se trouve hors d'état de tenir la campagne après les journées de Salo et de Lonato. Il fuit dans le Tyrol. Bonaparte ne perd pas le temps à le poursuivre dans ces gorges ; l'armée de Wurmser l'appelait sous Mantoue. Il rencontre ce général à Castiglione, lui présente la bataille, et après l'avoir vaincu, il passe le Mincio et achève de faire disparaître cette armée dans les environs de Trente. Ces journées mémorables coûtèrent à l'Autriche, en cinq jours de temps, vingt mille hommes et cinquante pièces de canon. Bonaparte, jugeant que le peu de troupes qu'il avait laissées devant Mantoue suffisait pour contenir la garnison, se jette dans le Tyrol, et gagne les batailles de Saravalla, de St. Marc et de Roverdo.

Mais la nouvelle que Wurmser reprend le chemin de Mantoue par les gorges de la Brenta, décide le jeune héros à quitter le Tyrol. Il se porte sur Bassano, se présente aux Autrichiens étonnés, et empêche la jonction avec Quosdanovich. La négligence de quelques chefs de l'armée française à suivre les ordres de Napoléon, fut très-utile à Wurmser, qui ne savait trop par où déboucher. Cette circonstance lui donna le temps de s'enfermer dans Mantoue. Bonaparte dirige alors toutes ses forces de ce côté, bien résolu de presser de tous ses moyens le siége de cette place; il détache de l'Autriche une partie de l'Italie par la formation de deux républiques sur les rives du Pô. Gênes, Venise sont en même temps observées, et le pape, toujours suspect quand il s'agit de l'observation d'un traité avec la France, est mis dans l'impossibilité d'une trahison; enfin il délivre la Corse des Anglais.

Tandis que Napoléon affermissait,

par des victoires sans cesse renouvelées, le pouvoir des Français en Italie, Alvinzi s'avance vers Mantoue, ayant sous ses ordres une armée de trente mille hommes; et, de concert avec lui, Dawidovich descend les vallées de l'Adige, à la tête de quinze mille soldats. Bonaparte ne recevait aucun renfort; ses succès l'affaiblissaient, et son armée se trouvait réduite à trente-trois mille hommes. Son courage et ses savantes manœuvres suppléent au nombre; il traverse l'Adige après avoir jeté trois mille hommes dans Véronne, opère sa jonction avec les généraux Masséna et Augereau, et vient camper sous les murs d'Arcole. Il fallait, comme à Lodi, effectuer le passage du pont sous le feu meurtrier d'une artillerie nombreuse. On s'élance; mais les grenadiers, accablés sous la mitraille, s'arrêtent, sans pouvoir renfermer en eux-mêmes l'indécision et l'espèce de découragement qui semblent les glacer d'effroi. Napoléon s'en aperçoit, et, frémissant de l'abandon qui le menace, il saisit un drapeau : « Soldats : n'êtes-vous plus « les braves de Lodi ? suivez-moi. » Comme il achevait ces mots, son aide-de-camp Muiron tombe à ses côtés, frappé d'un coup mortel ; Lannes est blessé, et la colonne française est emportée dans un marais avec son général. Les grenadiers l'enlèvent dans leurs bras, il veut revenir au pont, les soldats s'y opposent. Il retourne à Ronco, et, dérobant sa marche à Alvinzi, il fait allumer un grand nombre de feux sur la digue d'Arcole. Trompé par ce stratagême, l'ennemi ne se met nullement en peine de l'inquiéter dans ses desseins ; mais quel est l'étonnement d'Alvinzi en voyant toute sa ligne attaquée sur trois points !

Ce jour coûta la vie à cinq mille Autrichiens ; huit mille furent faits prisonniers, et ils perdirent trente pièces de canon. Le jour suivant, la victoire lui parut non moins fidèle. Alvinzi est repoussé une seconde fois, et contraint de se refugier dans le Tyrol ; Dawidovich est dispersé avec les siens ; et Wurmser n'a que le temps de rentrer dans Mantoue.

Mais les armées pullulaient en Autriche : à peine Alvinzi avait disparu avec la sienne, qu'accompagné de Provéra, il se montre à la tête d'un nouveau corps de troupes, presque aussi nombreux que celui qu'il venait de perdre. Provéra, ayant sous ses ordres douze mille hommes, se porte sur Mantoue par Legnago.

L'armée française, dispersée sur plusieurs points, était divisée en corps peu nombreux, mais commandés par des généraux aux talens desquels l'habitude de la victoire avait ajouté beaucoup. Masséna était à Véronne ; Augereau, sur le Bas-Adige ; Joubert, à la Corona ; Rey, à Brescia ; Serrurier, devant Mantoue ; et le général en chef, à Bologne. Véronne avait été désignée pour centre des opérations. Bonaparte s'en trouvait éloigné de quarante lieues, n'ayant à-peu-près que vingt mille hommes pour livrer la bataille. Le petit nombre de ses troupes ne le déconcerte pas ; il combine avec la plus grande habileté chacun de ses mouvemens, et attend l'ennemi sur le plateau de Rivoli avec toutes ses phalanges; Masséna occupait la gauche. Alvinzi, croyant le succès facile, à cause du grand nombre d'hommes qu'il commande, détache une partie de son armée, et lui fait occuper les revers de la montagne, sous les ordres de Lusignan. Alvinzi, avec ce qui lui reste, s'engage dans les vallées de l'Adige et de la Corono, il s'empare de Rivoli; mais, au moment où il se croît maître de l'armée de Joubert, ses colonnes sont coupées, et les deux mille hommes qu'il a dans cette position sont forcés de déposer les armes sans combat.

Malgré ce premier échec, Alvinzi ordonne à Lusignan d'attaquer les derrières de l'armée française; mais tout avait été prévu, tout avait été calculé pour la défense. Masséna s'empare de Lusignan et de sa colonne; Provéra n'est pas plus heureux dans ses tentatives sur Mantoue; Wurmser lui prête vainement l'appui de ses soldatse. Le premier tombe, avec les siens, au pouvoir de la division Miollis; le second rentre tout tremblant dans la place; dix-sept jours après elle capitule. Cette campagne, l'une des plus funestes pour l'Autriche, coûta à cet empire quarante-cinq mille hommes, six cents bouches à feu, un nombre considérable de drapeaux, etc...... Le pape continuait d'enfreindre le traité qui lui avait été imposé à Bologne; il en fut puni par le traité de Tolentino.

Ainsi Bonaparte, à l'âge de vingt-huit ans, et en moins d'un an, a détruit quatre armées autrichiennes, ayant à leur tête des généraux dont les armes avaient été plus d'une fois illustrées par la victoire; a donné à la France une partie du Piémont; a créé deux républiques en Lombardie; a conquis toute la partie de l'Italie qui s'étend depuis le Tyrol jusqu'au Tibre, et a cimenté tant et de si glorieux travaux par des traités de paix avec le Piémont, Naples et Rome. Après cela, peut-on dire avec ses détracteurs, qu'il dut au hasard plus qu'à son génie la gloire qui envi ronna ses premiers pas dans la carrière des armes? et ne doit-on pas voir en lui quelque chose de plus qu'un ambitieux, qu'un aventurier, dont tous les talens consistent à avoir su profiter des circonstances, soit en trompant son siècle par des vertus feintes, soit en l'éblouissant par quelques victoires? Cependant, tel est l'effet de la passion sur les hommes, qu'il est des écrivains, d'ailleurs recommandables par leurs talens, qui ont bien osé écrire que *c'était* (*Napoléon*) *un fou*, *sans talens*, *capable de bouleverser l'univers*, *tant qu'il aurait un village et une compagnie*. Nous n'essayerons pas de faire voir les contradictions renfermées dans ce peu de lignes; elles n'ont pas besoin de commentaires. Nous remarquerons seulement que ceux qui ont affecté le plus de mépris pour lui, l'ont bassement adulé au temps de sa puissance, et l'ont encensé des deux mains. Mais laissons ces hommes dont l'esprit est mobile à tout vent, et qui n'aiment la patrie et le roi qu'autant que leur cupidité ou leur ambition ne se trouvent pas négligées.

Du reste, les dernières victoires de Napoléon ont fait cesser les craintes du Directoire, qui s'accoutuma à voir en lui le conservateur des libertés et de la gloire de la France. L'affection que lui témoignent les soldats n'est déjà plus pour lui un sujet d'alarmes, et il voit sans colère l'admiration du peuple pour ses exploits.

L'Autriche ne renonce pas aux hostilités; les pertes considérables qu'elle vient de faire ne l'ont pas entièrement épuisée : elle espère que l'étoile du jeune héros s'éclipsera devant l'expérience du prince Charles. L'empereur fait informer celui-ci de ses desseins, lui ordonne de quitter le Rhin, et de passer le Tagliamento avec l'armée qui était sur ces bords De leur côté, Delmas et Bernadotte conduisent leurs divisions à Napoléon, dont l'armée considérablement affaiblie, va se trouver hors d'état de tenir la campagne. Le général en chef de l'armée d'Italie se met alors à la tête de trente-cinq mille hommes, emporte Tarvis, et envoye trois divisions qui passent le Tagliamento presque sous les yeux de l'archiduc. Ce prince est forcé de se retirer sur l'Iranzo, après avoir subi l'humiliation de voir tomber Palma-Nova au pouvoir des Français. Cette forteresse était pour eux de la plus grande importance; d'un autre côté, Masséna, déjà maître du Tyrol, de Salzbourg, du Frioul et de la Carinthie, envahit tous les passages, tous les défilés qui conduisent à Vienne, et menace ainsi la capitale de l'empire.

Grodisca, avec sa garnison, se rend à Bernadotte; enfin l'armée impériale ne peut déjà plus se rallier, et le prince Charles est contraint de se replier sur St.-Wicth et sur la Muhr, n'opposant partout qu'une résistance vaine aux efforts des vainqueurs. Klagenfurth et la Drave deviennent leur conquête. Joubert ferme les défilés du Tyrol; Bernadotte marche sur Leybach, et le 31 mars, anniversaire de son départ de Nice, Bonaparte fait son entrée dans Klagenfurth. A peine dans cette ville, il est assez généreux pour offrir la paix à l'Autriche, et celle-ci assez imprudente pour la refuser. Il est difficile de concevoir quel pouvait être l'espoir de la cour germanique, après les humiliations nombreuses que l'armée française lui avait fait subir, après les pertes considérables qu'elle avait essuyées, et surtout en voyant l'ennemi aux portes du siége de l'empire. Est-ce qu'elle aurait compté sur une intervention armée des autres puissances? ou bien, recevoir la loi d'un peuple devenu libre par ses propres forces, lui paraissait-il un affront impossible à dévorer? Quoi qu'il en soit des motifs qui lui firent rejeter les propositions du général en chef, on ne saurait douter que cette conduite fière, ou plutôt insensée, ne l'exposât à une ruine complète.

En effet, sans perdre le temps en négociations vaines, Napoléon donne l'ordre à Masséna de répandre une partie du corps qu'il commandait, dans les défilés de Neumark, et de s'emparer de la position d'Hurdjmark. L'empereur, intimidé, se trouble à la vue des troupes françaises ; son orgueil l'abandonne, et il fait partir, pour le quartier de Bonaparte, deux de ses généraux, avec lesquels le jeune vainqueur règle les conditions d'un armistice qui fut signé le 7 avril. Ainsi la cour de Vienne mendie, comme une très-grande faveur, ce que naguère elle avait refusé avec hauteur.

Après en avoir fait part au Directoire, Napoléon dicta, le 15, les préliminaires de la paix. C'est à cette époque que prit naissance, dans le cœur de Bonaparte et de Moreau, cette jalousie qui fut si fatale à la gloire de l'un et à la puissance de l'autre, et dont les résultats ont fait tant de maux à la patrie. Les plaintes amères, adressées au Directoire par le général de l'armée d'Italie, au sujet des refus, ou du moins de l'extrême lenteur que le général de l'armée du Rhin mettait à opérer sa jonction avec les troupes de Bonaparte peuvent être regardées comme le principe de cette jalousie. « Je suis aux « portes de Vienne, disait ce dernier

» aux chefs de la république, et cette
» cour orgueilleuse et insolente a ses
» plénipotentiaires à mon quartier-gé-
» néral. Il faut que les armées du Rhin
» n'aient point de sang dans les vei-
» nes : si elles me laissent seul, alors
» je m'en retournerai en Italie. L'Eu-
» rope jugera la différence de conduite
» des deux armées. » Ce peu de mots lui rendit favorable le Directoire, et Moreau passa enfin le Rhin le 19 avril.

Pendant que Napoléon réglait ainsi les destinées de l'Autriche, la sédition éclatait dans les États-Vénitiens, et la cloche de Véronne donnait, de ses sons homicides, le signal d'une scène non moins sanglante que celle des Vêpres Siciliennes. Tous les Français, qui se trouvent cantonnés dans cette ville, sont inhumainement massacrés : les troupes françaises se répandent aussitôt sur les terres de la république ; le lion de St.-Marc est abattu, et le gouvernement démocratique rétabli, après six siècles de proscription. Quelques jours suffirent pour comprimer la rébellion. C'est alors que Bernadotte, tour à tour avec Augereau, portèrent à Paris les drapeaux enlevés à l'ennemi, mais, presque en même temps, la royauté leva son front meurtri, et tenta de ressaisir les rênes du gouvernement. Ses efforts furent vains; Bonaparte la convainquit d'impuissance. Le pouvoir directorial courut un danger encore plus grand; et peu s'en fallut que les craintes qu'il avait si souvent manifestées au sujet de l'influence de Napoléon, ne fussent enfin réalisées. Mais Augereau se rendit au Directoire, et le 16 vendémiaire, an 6, le jeune vainqueur de l'Italie signa, au nom de la république, le traité de Campo-Formio, par lequel furent réunis à la France les Pays-Bas autrichiens, et l'indépendance de la république Cisalpine reconnue. Les mêmes conventions firent passer Venise au pouvoir de l'Autriche ; ensuite fut réglée à Rastadt, toujours sous l'influence de Napoléon, l'évacuation respective des deux armées.

Ce serait peut-être le cas de jeter ici un coup-d'œil sur l'administration intérieure de la république, et d'examiner jusqu'à quel point les victoires de Bonaparte contribuèrent à abattre l'hydre de l'anarchie. Mais les discussions et les réflexions que nécessiterait un pareil sujet, nous entraîneraient trop au-delà des bornes d'un résumé ; d'ailleurs l'homme extraordinaire, dont nous écrivons la vie, n'y a point encore pris de part soit directe ou active, et il ne s'est encore montré que comme grand capitaine. Il suffira donc de savoir que Paris salua son retour par les marques de la joie la plus vive comme la plus sincère; que le Directoire en conçut de nouvelles alarmes; et, qu'enfin, au milieu d'une fête et en présence des ambassadeurs de presque toutes les puissances de l'Europe, il remit solennellement, aux chefs de la république, le traité de Campo-Formio. La majesté de cette cérémonie acheva de porter l'enthousiasme dans tous les esprits, et le cri de *Vive Bonaparte* se fit entendre de toutes parts. On dit que le Directoire eut de la peine à contenir son dépit; et, de son côté, le jeune vainqueur ouvrit son cœur à de plus hautes espérances.

Les honneurs sont un puissant appât pour un homme ambitieux : il est rare qu'ils ne l'entraînent au-delà des bornes qu'il s'était d'abord données.

Après avoir passé l'inspection de son

armée, il revint à Paris, plein d'un projet dont l'exécution devait étouffer les défiances du Directoire. Il lui fit entendre qu'il convenait d'attaquer l'Angleterre dans son empire d'Asie, ou au moins de détruire son commerce par l'occupation de l'Égypte. Le plan de cette dernière expédition paraissant d'accord avec les intérêts du Directoire, le gouvernement l'accepta; et la France apprend tout-à-coup que cinquante mille hommes sont réunis sur les côtes de la Méditerranée. Le plus profond secret fut gardé sur leur destination. Treize vaisseaux de ligne, quatorze fregates, quatre cents bâtimens sont prêts à transporter l'armée. Les escadres de Gênes, de Civita-Vecchia et de Bastia ont reçu l'ordre de se réunir à la grande flotte. On est sur le point de partir, lorsqu'on apprend que le drapeau tricolore, qui flottait au palais de Bernadotte, à

Vienne, vient d'être outragé, et que ce général a été obligé de quitter la capitale de l'Autriche.

Cet événement arrête le départ de l'armée. Le Directoire veut envoyer Bonaparte en Autriche, venger l'affront fait à sa bannière; mais celui-ci montre sa correspondance avec le comte de Coblentz. Le Directoire, après en avoir pris connaissance, presse son départ pour Toulon, où Bonaparte arrive le 9 mai, et ayant toujours soin de cacher à l'armée le projet auquel il la destinait: elle n'apprit que dix jours après, qu'elle allait s'embarquer pour l'Egypte. La flotte mit en mer; au bout de vingt jours elle se trouva devant Malthe. Cette île appartenait aux Anglais; et, par conséquent, il importait à Bonaparte de s'en emparer. Le siége n'en fut pas long. Avant de se remettre en mer, il choisit ceux auxquels il voulait remettre la garde de sa nouvelle conquête. Treize jours après, la flotte est à la vue des minarets d'Alexandrie. Le général en chef ordonne sur-le-champ le débarquement ; mais, au même instant, une voile est signalée. « Fortune ! s'écrie-t-il, » m'abandonnerais - tu? Je ne te de- » mande que cinq jours ». On reconnut bientôt que cette voile était celle d'une frégate française. Menou met pied à terre : Bonaparte et Kléber débarquent ensemble, et vont le rejoindre pendant la nuit à Marabou, où l'on arbore le drapeau tricolore. Bonaparte sait que la ville d'Alexandrie, informée de son arrivée, se dispose à lui résister ; il n'attend pas que les autres divisions aient débarqué. A deux heures du matin, il s'avance sur trois colonnes, ordonne l'assaut, et cette antique cité tombe au pouvoir de l'armée française.

Maître d'Alexandrie, Bonaparte ordonne à l'amiral Brueys de conduire la flotte à Aboukir, d'où elle communique avec Rosette à Alexandrie, et à l'escadre d'entrer dans le port de cette ville, ou, si la chose est impossible, de cingler vers Corfou, afin d'échapper aux Anglais qui peuvent être en mouvement. Desaix est envoyé dans le désert avec sa division; il arrive le lendemain 18 messidor à Demenhour. En quittant cette ville, qui est à quinze lieues d'Alexandrie, Bonaparte en donne le commandement à Kléber. D'un autre côté, le général Dugua s'avance sur Rosette, dont il a l'ordre de s'emparer afin de protéger l'entrée de la flottille française, qui doit suivre la route du Caire pour rejoindre l'armée. Le 22, l'armée est sous les murs de Rahmanié. Après quelques heures de marche, elle se désaltère dans les eaux du Nil; c'est sur les bords de ce fleuve qu'elle est attaquée par des Mamelucks; mais l'artillerie de Desaix les met en déroute. L'armée était sur le point de succomber à la fatigue, le général en chef lui permet de se livrer au repos dans la ville de Rhamanié. Après l'arrivée de la flottille, qui eut lieu le 24, elle se remet en marche au milieu de la nuit.

La flottille sous les ordres de Perrée, suit le mouvement des troupes; mais un coup de vent l'entraîne soudain au-delà de la gauche de l'armée, et la jette sur la flottille ennemie, que soutient le feu de 4,000 Mamelucks. Le combat s'engage; et, malgré la supériorité du nombre, l'ennemi perd ses chaloupes canonnières. La canonnade prévient Bonaparte de cet engagement: il s'élance sur le village de Chebreis, qu'il emporte, fond sur les troupes qui sont aux prises avec sa flottille; et, après un combat de deux heures, l'ennemi fuit en désordre vers le Caire, laissant plus de 600 hommes sur le champ de bataille. La flottille remonte le Nil, et l'armée reprend la route du Caire, après s'être reposée un jour à Chebreis. Le 2 thermidor, à deux heures après midi, excédée de chaleur et de fatigue, elle se trouve à la portée du canon d'Embabé. Un corps de Mamelucks se présente à elle, ayant en arrière de sa gauche les fameuses pyramides, et le Nil en arrière de sa droite. Une heure de repos lui suffit pour réparer ses forces, et se mettre en état de tenir tête à l'ennemi. La voyant prête à marcher au combat, « Soldats ! dit alors Bonaparte, » en leur montrant les Pyramides, » songez que, du haut de ces monu» mens, quarante siècles vous con» templent ». Il ordonne l'attaque, et l'ennemi, foudroyé, tombe au pied des carrés français. Embabé est enlevé à la baïonnette.

Cette bataille, qui prit le nom des *pyramides*, coûta à l'ennemi 3,000 Mamelucks, 40 pièces de canon, 400 chameaux et tous ses trésors. Dupuy entre dans le Caire, qu'ont évacué les deux beys : Mourad a pris la route de la Haute-Égypte, et Ibrahim suit celle de la Syrie. Bonaparte y fait son entrée solennelle le 7, et y établit son quartier-général. Desaix poursuit Mourad, et forme un camp retranché à 4 lieues en avant de Gizeh. Un corps d'observation est placé à Elkanka pour surveiller Ibrahim ; il devient bientôt l'avant garde de l'armée : elle se met en marche sous les ordres de Bonaparte lui-même, qui avait l'intention de chasser Ibrahim de l'Égypte ; il l'atteint à Salahié ; et, après l'avoir battu, il le refoule en Syrie. La division Régnier s'établit à Salahié, et Bonaparte revient au Caire. Il apprend que ses vaisseaux viennent d'être brûlés à Aboukir. « Nous n'avons plus de flotte, dit le » héros : Eh bien ! Il faut rester ici, ou » en sortir grands comme les anciens ». L'armée applaudit à cette résolution.

Bonaparte, se voyant condamné par les événemens à prolonger son séjour en Égypte, sentit bien que, pour soumettre cette riche contrée, il ne suffisait pas de détruire les armées qu'elle lui opposait ; mais qu'il fallait encore savoir s'insinuer dans l'esprit du peuple, afin d'en obtenir la confiance. Pour y parvenir plus sûrement, il étudia avec soin ses préjugés, ses passions, ayant résolu de s'identifier avec le génie de la nation. C'est ainsi qu'à l'approche du débordement du Nil, il s'associa aux cérémonies religieuses pratiquées à cette époque, en actions de grâces des faveurs que le Ciel avait accordées à l'Égypte. Plusieurs de ses ennemis s'emparant de ce trait, qui décèle un observateur profond et un politique habile, ont cru pouvoir l'accuser d'impiété; mais ils avaient sans doute oublié que sa main releva plus tard les autels en France, et rendit à la patrie sa religion et ses ministres. Du reste, remarquons en passant, qu'il est toujours dangereux de vouloir contraindre un peuple à renoncer à ses mœurs, à la croyance qu'il a reçue de ses pères, pour l'obliger d'accepter une croyance qui ne peut que lui paraître suspecte, surtout lorsqu'on veut la lui imposer par la force. On sait, par combien de flots de sang, l'Amérique paya le droit qu'elle avait de ne pas vouloir croire sur leur foi les prêtres Espagnols.

Mais, bornons là les discussions religieuses : aussi bien, elles pourraient ne pas être sans danger pour nous ; et suivons notre héros dans son expédition d'Égypte. Lors de la fête dont nous venons de parler, et qui, comme nous l'avons observé, est l'une des plus solennelles, on le vit donc assis sous un pavillon, avec le pacha du Caire, et présider lui-même à la fête. Ce respect porté aux usages et aux cérémonies religieuses d'un peuple, qui sont, suivant nous, ce qu'il a de plus sacré, valut à Bonaparte les applaudissemens de toute l'Egypte. Son nom retentit dans les airs et fut confondu avec celui de Mahomet. Il prodigue l'or au peuple, donne le cafetan aux principaux officiers, et revêt de la pelisse noire le mollah, gardien du Mékias, monument qui renferme le Nilomètre.

Ce fut quinze jours après l'incendie de la flotte, qu'eut lieu cette solennité. L'anniversaire de la naissance de Mahomet fournit une nouvelle occasion à

Bonaparte d'acroître la puissance qu'il exerçait déjà sur l'esprit de ces peuples. Il parut à cette fête en costume oriental, et accepta le nom d'Ali Bonaparte que le Divan lui proposa de prendre ; lors d'une autre cérémonie non moins religieuse, qui était le départ de la caravane pour la Mecque, il donna les ordres les plus absolus pour qu'elle fût protégée, de même que ses pélerins.

Cependant, malgré ses précautions à ne pas heurter les erreurs populaires, et ses soins à s'insinuer dans l'esprit des peuples, Bonaparte eut encore à lutter contre des adversaires redoutables. Mourad et Ibrahim, répandirent partout des émissaires, qui alarmèrent les Égyptiens pour la loi du Saint Prophète, et rendirent ainsi le général français odieux à la nation. Plusieurs provinces se mutinèrent, et l'armée française, violemment attaquée par des partis séditieux, se vit réduite à repousser la force par la force. Bonaparte ordonne tous les préparatifs nécessaires; et, après s'être mis à l'abri des surprises dont les Arabes menaçaient à chaque instant le Caire, il organise le pays de la manière la plus favorable aux arts et au commerce. Bonaparte fit abattre les murs de cette cité qui pouvaient, en cas de sédition, servir de remparts aux rebelles. Le 22 octobre, pendant qu'il était au vieux Caire, des rassemblemens se forment dans la ville et dans la mosquée. Le chef de brigade Dupuy, l'aide de camp du général en chef, le brave Salkowski et tous les Français qui se trouvaient dans les rues et dans les maisons, sont impitoyablement égorgés par ces furieux, qui s'élancent ensuite vers la porte, pour en fermer l'entrée à Bonaparte, pendant que les Anglais attaquent les villes maritimes. Tout le désert était sous les armes. L'armée française était redevable de ce danger imminent à la trahison manifeste du Directoire.

En effet, Bonaparte s'était embarqué sur la promesse expresse que le gouvernement français ferait des ouvertures à la Porte, et le gouvernement avait gardé le silence le plus absolu. Était-ce négligence de sa part, ou bien était-ce dans le dessein de se défaire de Napoléon, dont la gloire lui faisait depuis long-temps ombrage? Le Grand-Seigneur appelle aux armes tous les peuples de l'Orient, pour repousser les Français qu'il qualifie d'*infidèles obstinés* et de *scélérats sans frein*. Bonaparte voit le danger de sa position : il entre au Caire par la porte de Boulak; et, pendant qu'une partie de ses braves s'enfonce dans les sables du désert, il se prépare à repousser les Arabes; il met son artillerie dans une position favorable pour endommager la ville, et s'avance dans les rues, à la tête de ses colonnes, qui refoulent les rebelles dans la grande mosquée. Il leur offre alors le pardon ; mais les rebelles lui répondent en combattant. Dans ce moment (chose rare en Égypte), le ciel se couvre de nuages et la foudre gronde ; les Musulmans, épouvantés, implorent la clémence du vainqueur : « L'heure » de la clémence est passée, dit Bona- » parte ; vous avez commencé, c'est à » moi de finir. » Le canon et la hache brisent les portes de la mosquée ; et les rebelles, presque vaincus par la frayeur, s'abandonnent d'eux-mêmes, sans défense, à la fureur des Français, qui ont à venger l'assassinat de leurs frères d'armes. Ensuite il fait arrêter, juger et fusiller les principaux instigateurs de la révolte ; et, pour punir toute l ville, il établit un gouvernement militaire, après avoir aboli le Divan et frappé une contribution extraordinaire.

Cette mesure rigoureuse, mais nécessaire, ramena l'ordre dans toute l'Égypte. N'ayant plus rien à craindre, Bonaparte rétablit le Divan ; ensuite il se dirige, avec quelques savans, vers l'isthme de Suez, dans la résolution de chercher les traces de ce canal auquel Sésostris a donné son nom, et qui devait joindre la mer Méditerranée à la mer Rouge : il a le projet d'accomplir ce grand œuvre ; mais il apprend, à Suez, que Djezzar, pacha de Syrie, vient de prendre les armes contre lui, et que son avant-garde occupe déjà le fort d'El-Ariéh, situé sur les frontières de l'Égypte et à dix lieues dans le désert. Il ne veut point l'attendre, et l'expédition de Syrie est résolue. Il revient au Caire ; il met en mouvement divers corps, sous les ordres des généraux Bon, Kléber, Lannes, Régnier, Murat, et autres. Régnier, au bout de quelques jours, est sous les murs d'El-Ariéh ; il se rend maître de la ville, détruit la moitié de la garnison, et force l'autre à se renfermer dans le fort.

Dans ce moment, les Anglais bombardaient Alexandrie. Bonaparte juge que ce n'est qu'une ruse pour l'empêcher de marcher sur la Syrie : il néglige de répondre à cette attaque, et arrive à El-Ariéh le lendemain d'une victoire que Régnier vient de remporter sur les Mamelucks. Il foudroie une des tours du château, et, deux jours après, la garnison capitule : une partie de cette armée s'enrôle volontairement dans l'armée française. Après la reddition de cette place, il se porte à Gazza, et de là à Jaffa, que défend une forte garnison. Malgré les efforts des assiégés,

Jaffa est emportée d'assaut, et la garnison passée au fil de l'épée. Bientôt la peste s'y manifeste. La 32me demi-brigade en est atteinte. On établit un hôpital de pestiférés, Bonaparte, et Desgenettes, médecin en chef de l'armée, visitent journellement les malades; le premier touche même leurs plaies, en leur disant : « vous voyez bien que cela » n'est rien. » Ces visites rassurent le soldat.

L'armée marche sur St.-Jean d'Acre: elle s'empare de la place de Kaiffer, qui est sur son passage, où elle trouve des munitions et des approvisionnemens. Les châteaux de Jaffet et de Nazareth, de même que la ville de Sour, (Tyr) tombent en leur pouvoir, après les combats de Loubi et de Séjarra et la bataille de Mont-Thabor. Une partie de l'Asie est soulevée par les Firmans. Des populations entières descendent des montagnes, et accourent de Damas et des rives de l'Euphrate pour combattre l'armée française.

Les flottes ennemies couvrent la mer, et portent une armée destinée à la défense de la Syrie. Une autre s'organise à Rhodes ; elle doit se porter sur l'Égypte, où le général Desaix est aux prises avec Mourad-Bey. Le salut des Français est dans la prise de St.-Jean d'Acre, mais leur artillerie de siége n'arrive pas, et c'est vainement qu'on a donné deux fois l'assaut à cette place. Pour faciliter le succès des mouvemens de la grande armée de Damas, Djazzar fait une sortie contre Bonaparte ; elle est soutenue par les équipages de l'artillerie anglaise. Bonaparte refoule les agresseurs dans la place. Après la victoire, il se porte sur le Mont-Thabor, et voit Kléber, qui n'a que 80,000 hommes, aux prises avec 22,000 ennemis.

Par une savante combinaison du général en chef, l'armée de Damas est attaquée, coupée sur tous les points, et laisse plus de cinq mille morts sur le champ de bataille, avec ses tentes, ses provisions et ses chameaux. Il apprend que le contre-amiral Perrée vient enfin de débarquer à Jaffa neuf pièces de siége: Bonaparte revient alors à S.-Jean-d'Acre; l'armée française y fait des prodiges de valeur, mais les Anglais sont accourus à la défense de cette place, et Bonaparte est obligé de l'abandonner et de rentrer en Égypte. L'armée reprend la route du Caire, et les pestiférés de Jaffa sont évacués sur Gazza, El-Ariéh et Damiette; on n'en laisse que soixante à Jaffa qui ont été déclarés incurables. De retour en Égypte, Bonaparte fortifie Tineh, après avoir détruit, dans son passage, les moissons, les bestiaux, de même que les villages qui l'ont trahi. Après une absence de quatre mois, l'armée française rentre au Caire. Elle avait perdu six cents hommes par la peste, et mille deux cents par le fer des ennemis. Elle ramenait mille huit cents blessés.

Les Français oublièrent au Caire les jours de péril; mais, à la nouvelle que Mourad-Bey est descendu de la Haute-Égypte avec une armée considérable, Bonaparte court l'attaquer aux Pyramides, lorsqu'arrivé sur ce point, on l'informe qu'une flotte ottomane de cent voiles est devant Aboukir et menace Alexandrie. Il part pour Giseh, ordonne les mouvemens les plus rapides contre l'armée de Seidman Mustapha, Pacha de Romélie, que soutiennent les colonnes de Mourad et d'Ibrahim. Son armée est de dix-huit mille hommes; elle est retranchée, elle est défendue par une nombreuse artillerie, et elle communique avec la flotte. Bonaparte marche sur Aboukir : le fort de cette place est déjà au pouvoir de l'ennemi. Il ordonne l'attaque ; et, dans peu de temps, l'armée ennemie est détruite : dix mille hommes trouvent la mort dans les flots, et le reste sous le feu des batteries françaises. Murat a fait le Pacha prisonnier : le fils de ce dernier capitule dans le fort. Le désastre de la flotte française est vengé par cette victoire. Bonaparte, avant l'action, avait prévenu les habitans du Caire de son nouveau triomphe : leur enthousiasme fut, on ne peut plus grand, à la vue du vainqueur et de ses illustres prisonniers.

Cependant Bonaparte vient d'apprendre, par les journaux, que la France était humiliée depuis son départ pour l'Égypte, et que son retour pouvait seul la tirer du danger. Il ordonne aussitôt les préparatifs de son départ, et remet le commandement général de l'armée d'Egypte au valeureux Kléber, le 23 août 1799. Le 9 octobre (16 vendémiaire, an 8), il débarque à Fréjus, après 41 jours de traversée sur une mer couverte de vaisseaux ennemis. Il est salué par les cris de *vive le libérateur de la France!* L'Italie venait d'échapper à la république par l'imprévoyance du Directoire; les brandons de la Vendée se rallumaient; en un mot, l'anarchie s'emparait de toute la France. Aussi le retour de Bonaparte fut-il regardé, par ceux qui aimaient véritablement la patrie, comme l'astre du salut. Partout on célèbre des fêtes en son honneur. Arrivé à Paris, il vit combien le Directoire était détesté; le parti qui cherchait à renverser ce fantôme de puissance, fait pratiquer Bonaparte, lui donnant à entendre que, s'il voulait diriger le mouvement préparé contre les chefs du gouvernement, il devait s'attendre à avoir la plus grande part dans le maniement des affaires publiques. On s'imagine bien que l'ambition de Bonaparte, devenue insatiable depuis qu'il s'était aperçu de son influence sur l'esprit du peuple et des soldats, tressaillit à une telle proposition. Le moment était favorable ; il résolut de le faire servir à son élévation. De son côté, le Directoire s'agitait et cherchait à conserver les débris d'un pouvoir usé ; mais ses efforts, semblables à ceux d'un vieillard qui, affaissé par les années, se trouve attaqué par des hommes robustes et dans la force de l'âge, ne servaient qu'à mettre dans tout son jour la faiblesse qui était devenue désormais son principal caractère. Toutes ses menées contre les partis nombreux qui conspiraient pour le détrôner, toutes ses tentatives contre Bonaparte, excitèrent les railleries du peuple sans inspirer aucune crainte.

Tel était au-dedans l'état de la république, tandis qu'au dehors ses armées ne pouvaient plus soutenir les efforts redoublés de l'ennemi. Chaque jour apportait la nouvelle de la prise d'une ville, ou de la perte d'une bataille; en un mot, la France allait encore se voir attaquée par toute l'Europe.

DEUXIÈME ÉPOQUE.

CONSULAT.

CEPENDANT Bonaparte rassurait, par toutes sortes de moyens, les amis qu'il avait déjà ; ses promesses lui en faisaient de nouveaux. Néanmoins il ne s'ouvrait à personne de ses projets, et n'avait d'autre confident que lui-même, Macdonald et Moreau seuls exceptés. Le plan de la révolution est enfin arrêté entre Bonaparte et Sieyes ; l'exécution en est fixée au 18 brumaire. Le 17, à huit heures du matin, un messager du Conseil des Anciens apporte à Bonaparte un décret par lequel le corps législatif est transféré à Saint-Cloud, où les deux Conseils doivent se rendre le 19. Bonaparte est chargé de l'exécution de ce décret; et, à cet effet, toutes les troupes de ligne et de la garde nationale sont mises à sa disposition. La lecture en est faite devant une assemblée nombreuse et entièrement dévouée à Bonaparte. Ces cris retentissent aussitôt : *Vive Bonaparte! vive la République!* Le général en chef répond à ces cris par une proclamation à l'armée pour l'informer de ce qui vient de se passer, et finit par demander son appui pour le rétablissement de la république sur ses premières bases, que la trahison du Directoire a détruites. Après quoi, il fait battre la générale, et proclamer le décret dans tous les quartiers de la capitale. Lui-même il se porte au palais où le Conseil des Anciens tenait ses séances; et, après leur avoir rappelé le décret émané d'eux, il jure de ne rien négliger pour le faire exécuter.

Ses généraux s'agitent d'un autre côté, et s'emparent de tous les palais. Cette violation de domicile excite les plaintes des directeurs; ils osent protester contre l'acte qui la consacre; mais, ils n'ont pas plutôt vu Bonaparte, qu'ils tremblent et qu'ils font assaut d'adulation. Tant de bassesse irrite le guerrier qui leur reproche avec force, en présence des soldats, l'Italie perdue et la guerre civile rallumée. Les directeurs consternés ne savent que répondre, et finissent par abdiquer un pouvoir trop au-dessus de leurs forces. Le rôle de courtisan convenait mieux à la faiblesse de leurs talens, et surtout au peu d'élévation de leur âme. Leur président Barras donne le signal de la retraite, en sollicitant un passeport et une escorte pour Gros-Bois.

Le lendemain, Bonaparte se rend au Champ-de-Mars, et de-là, après avoir adressé à l'armée une courte harangue, il part pour Saint-Cloud, où les deux Conseils s'étaient réunis. Celui des Anciens tenait ses séances dans la galerie; celui des Cinq-cents dans l'Orangerie.

Par l'ordre de Bonaparte, toutes les avenues de Saint-Cloud avaient été occupées par de forts détachemens, et nos législateurs étaient environnés de baïonnettes. Néanmoins, un esprit d'opposition se manifeste dans les deux Conseils : celui des Cinq-cents explique son mécontentement en termes non équivoques, laisse voir tout ce qu'il craint des desseins de Napoléon, et enfin prononce le serment de maintenir la constitution ou de mourir.

De son côté, Bonaparte, accompagné de ses aides-de-camp, se présente au conseil des Anciens, et, dans une harangue, composée avec tout l'art imaginable, il démontre la fausseté des vues ambitieuses qu'on lui prête. « On parle, » dit-il, d'un nouveau César, d'un nouveau Cromwel : on répand que je » veux établir un gouvernement militaire. Si j'avais voulu usurper l'autorité suprême, je n'aurais pas eu » besoin d'obtenir cette autorité du » Sénat..... Le conseil des Anciens est » investi d'un grand pouvoir; mais il » est encore animé d'une plus grande » sagesse. Ne consultez qu'elle... prévenez les déchiremens : évitons de » perdre ces deux choses pour lesquelles nous avons fait tant de sacrifices, la *Liberté* et l'*Egalité*. » Et la constitution, s'écria alors Linguet! « La » constitution! reprit Bonaparte; osez-» vous l'invoquer? Vous l'avez violée » au 18 fructidor, au 22 floréal, au

» 30 prairial. Vous avez, en son nom,
» violé tous les droits du peuple. Nous
» fonderons, malgré vous, la liberté
» et la république : aussitôt que les
» dangers qui m'ont fait conférer des
» pouvoirs extraordinaires seront pas-
» sés, j'abdiquerai ces pouvoirs. »

Interpelé sur ces dangers, Bonaparte rappelle les propositions qui lui ont été faites par Barras et Moulins de renverser le gouvernement. « Je n'ai compté
» que sur le conseil des Anciens, ajou-
» te-t-il; je n'ai point compté sur ce-
» lui des Cinq-cents, où se trouvent
» des hommes qui voudraient nous ren-
» dre la convention, les échafauds, les
» comités révolutionnaires..... Je vais
» m'y rendre; et, si quelque orateur,
» payé par l'étranger, parlait de me
» mettre *hors la loi*, qu'il prenne garde
» de porter cet arrêt contre lui-même.
» S'il parlait de me mettre *hors la loi*,

» j'en appelle à vous, mes braves com-
» pagnons d'armes ; à vous, mes bra-
» ves soldats, que j'ai menés tant de
» fois à la victoire, avec lesquels j'ai
» partagé tant de périls, pour affermir
» la liberté et l'égalité : je m'en remet-
» trai, mes vrais amis, à votre cou-
» rage et à ma fortune. » En achevant ces mots, il se rend, avec quelques grenadiers, au conseil des Cinq-cents.

Dans ce moment, on était occupé de l'appel nominal pour la prestation du serment à la constitution.

A l'aspect de Bonaparte et de ses grenadiers, des mouvemens et des imprécations remplissent la salle. Ces cris retentissent de toutes parts : « Ici des
» sabres ! ici des hommes armés ! A
» bas le dictateur ! à bas le tyran !
» Hors la loi le nouveau Cromwel ! » Les députés se groupent autour de lui, et prennent une attitude menaçante.

Tout-à coup ces cris se font entendre : « Sauvons notre général ! » et l'on voit aussitôt paraître le général Lefèvre à la tête de quelques grenadiers qui entraînent Bonaparte.

Lucien, qui présidait l'Assemblée, cherche en vain à y rétablir l'ordre. On veut qu'il mette aux voix le décret de mise hors la loi contre son frère ; il se récrie, et abdique la présidence.

Des grenadiers, envoyés par Bonaparte, pénètrent dans la salle et enlèvent Lucien. Il monte à cheval, se met à la tête des troupes, et leur dit de ne reconnaître pour législateurs que ceux qui vont se rendre auprès de lui. « Quant » à ceux qui resteraient dans l'Orangerie, poursuit Lucien, que la force » les expulse ! Ces brigands ne sont » plus les représentans du peuple : ce » sont les représentans du poignard. »

Cependant les députés, sous la présidence de Chazal, protestent contre l'action de Bonaparte, et la salle est évacuée.

Après la dissolution des Cinq-cents, on forme un nouveau Conseil, duquel soixante et un des membres du premier sont exclus; et ce Conseil, de concert avec celui des Anciens, abolit le gouvernement directorial, qui est remplacé par *une commission consulaire exécutive*, composée de Sieyes, Royer-Ducos et Bonaparte. Cette commission prête serment *à la souveraineté du peuple, à la république, une et indivisible, à la liberté, à l'égalité et au système représentatif.* Ensuite elle se rend au Luxembourg, où Sieyes dit aux personnes qui y étaient assemblées, après avoir reconnu Bonaparte pour président de la commission consulaire: « A présent, vous avez un maître; il » sait tout, il fait tout et il peut tout.»

Ainsi disparut, par la force, ce pouvoir directorial que la force avait créé, et fut établi, en quelques heures, le gouvernement qui devait faire changer, pour ainsi dire tout-à-coup la face de l'Europe.

Après cette mémorable journée, Bonaparte réclame l'exécution du traité de Malthe, remet Moreau à la tête des armées du Rhin et du Danube; Masséna reçoit le commandement de celle de l'Italie. La Vendée est pacifiée; la liste des émigrés est close; les poursuites contre neuf mille prêtres déportés cessent aussitôt. Les naufragés de Calais, qui gémissaient depuis quatre ans dans les cachots, sont mis en liberté. Enfin cette époque est signalée par la création de tout ce qui manquait au bien de la France, soit sous le rapport des lois, soit sous ceux de l'industrie et des arts. La constitution de l'an 8 proclame Bonaparte consul pour dix ans. Il crée et gouverne à-la-fois tous les intérêts de la patrie.

Cependant l'Autriche refuse de négocier avec la France. L'or des Anglais met les armes à la main aux Bavarois et aux Turcs. L'armée d'Italie était retombée dans le dénuement où Bonaparte l'avait trouvée, lorsqu'il se mit à sa tête, et la France avait perdu ses belles conquêtes d'Italie pendant l'absence du général qui les avait faites.

A la voix du premier Consul, la France et l'Italie sont ébranlées. Une armée, forte de cent mille hommes et de quarante mille chevaux, se forme, comme par enchantement, sur le sol français.

Dans ce moment, une rupture éclate entre l'Autriche et la Russie. L'armée de réserve est dirigée, par divers points, sur Dijon. Ce mouvement inopiné détourne l'attention qui se portait sur le Var, menacé d'une invasion par Mélas. Ce général marchait sur ce point avec cent cinquante mille hommes victorieux et bien approvisionnés : la France ne lui opposait que vingt-cinq mille soldats intrépides, mais dépourvus de tout. Ils étaient sous les ordres de Masséna.

Le but du premier Consul est de s'emparer des bassins du Danube et du Pô. Le détroit de la Suisse, entre le Rhin et le Rhône, renferme tout le mystère de la campagne qui va s'ouvrir. S'il parvient à l'occuper, les deux armées autrichiennes, d'Allemagne et d'Italie, doivent être séparées. Moreau est sur le Rhin, Masséna dans le Var, et Berthier à Dijon, vis-à-vis la Suisse.

Par ordre du premier Consul, Moreau fait un mouvement sur les derrières du général Kray, qui se trouve tout-à-coup isolé du général Mélas, par l'occupation subite des défilés de la Fôret-Noire. L'armée de Dijon marche sur Genève. Moreau bat l'ennemi à Engen, à Stobach, à Moeskisch, à Belberach et à Meningen.

L'Europe croit Bonaparte occupé à Paris pendant ses victoires; elle ignore que c'est par suite de ses mesures qu'elles ont eu lieu.

Cependant le premier Consul, croyant qu'il est de l'intérêt de la patrie qu'il aille se montrer à son armée, prend le chemin de Genève, d'où il va porter la guerre sur le Pô, entre Milan, Gênes et Turin ; et, pendant que Moreau amuse le général Kray, il veut s'emparer des défilés des Alpes, et attaquer les derrières de Mélas dont les forces, disséminées, gardent les débouchés des Alpes et de la Lombardie. Il franchit le mont Saint-Gothard, avec sa formidable artillerie : Mélas était encore sur le Var quand les troupes françaises descendaient les revers du Saint-Gothard, du Saint-Bernard, du Simplon et du Mont-Cénis.

Pendant ce mouvement, Moreau occupait Kray devant Ulm, et Masséna reprenait les forts de Gênes que foudroyait la flotte anglaise. La chaîne des Alpes est franchie ; le jour même, la ville d'Aoste est enlevée par l'avant-garde, et les Croates sont rejetés sur la forteresse de Bard. Il veut s'emparer de ce fort, avant que Mélas soit instruit de ses mouvemens ; il l'attaque ; le fort résiste d'abord, et, dix jours après, il est au pouvoir des Français. Le défilé le plus redoutable est franchi : Yvrée et la citadelle sont également emportés ; et au passage de Chiusella, dix mille hommes de l'armée de Mélas, commandés par les généraux Kaim et Haddig, sont culbutés par Bonaparte, qui s'ouvre ainsi les plaines du Piémont, tandis que ses colonnes de flanc marchent sur Bellinzona et Avigliano.

C'est sur le Pô, entre le confluent du Tanaro et de la Bormida, et l'embouchure du Tésin, qu'est le point de l'opération que médite le premier Consul. Il poursuit Kaim et Haddig jusqu'à Chivasso : son avant-garde entre à Pavie, et y trouve deux cents pièces de canon et des munitions. Ensuite, il envoie Murat sur Verceil et Milan, et force lui-même le passage de la Sésia et du Tésin, malgré la résistance de Landon.

Le 2 juin, on le croyait à peine en Piémont, et il entrait en libérateur dans la capitale de l'Italie : il y proclame le rétablissement de la république cisalpine, répand l'armée sur le Pô et l'Adda ; et cette armée, après avoir franchi cette dernière rivière, prend Bergame, Crema, Crémone, et poursuit Landon jusqu'à Brescia.

Mélas, n'ayant pu forcer le pont du Var, s'est porté sur Turin. Elnitz et Olt, deux de ses généraux, venaient prendre position sur la vallée du Tanaro, après avoir quitté les rives du Var et le blocus de Gênes où Masséna avait été obligé de capituler.

Le premier Consul, profitant de l'imprévoyance des Autrichiens, vient s'emparer d'un point important entre Stradella et le Pô. Il étend ses colonnes sur ce fleuve, et, par ce mouvement, il facilite toutes les opérations de ses généraux. Loison passe le Pô à Crémone; Murat, à Plaisance dont il prend le pont; et Lannes, devant Belycojos et San-Cypriano.

Le même jour, Bonaparte établit à Pavie son quartier-général; ensuite, il marche sur Mélas, qui se trouve enclavé entre les Apennins et la rive droite du Pô. Dans sa marche, il apprend que Gênes a capitulé, et que les troupes qui la bloquaient se sont réunies à celles de Mélas ; il passe le Pô, atteint l'ennemi à Montebello, lui tue trois mille hommes, et fait cinq mille prisonniers.

Mélas rassemble son armée entre le Pô et le Tanaro.

Le 12 juin, les corps de Lannes, Desaix et Victor vont border la Scrivia. Lapoype, avec sa division, va rejoindre celle de Desaix, pendant que le reste de l'armée française bloque ou contient les divers corps autrichiens dans la Lombardie.

Le premier Consul s'avance dans les plaines de San-Giuliano, et fait repousser, par Gardanne, cinq mille hommes qui s'étaient établis à Marengo : il les rejette sur la Bormida, et ne pouvant enlever la tête du pont, il prend position entre Marengo et cette rivière.

Bonaparte envoie Desaix, avec ses deux divisions, à Castel-Novo di Scrivia et à Rivalta, pour observer l'armée de Mélas; ensuite, il concentre les corps de Lannes et de Victor entre San-Giuliano et Marengo.

Le 14, à quatre heures du matin, l'armée autrichienne, forte de quarante mille hommes, débouche au travers du défilé du pont de la Bormida : l'armée française ne comptait pas plus de vingt mille hommes. Victor fut vigoureusement attaqué. Lannes paraît en ligne; mais, après quelques succès, il est entraîné par la retraite de sa gauche.

Bonaparte voit combien il lui importe de tenir la droite que Mélas est obligé de forcer; il fait avancer sa Garde, dont la résistance opiniâtre donne le temps à la division Monnier d'arriver.

La victoire était encore incertaine : Desaix paraît à la tête de la division Boudet ; l'attaque générale est ordonnée. Le général autrichien Zach s'avance avec cinq mille grenadiers : Desaix vole sur eux avec quinze pièces de canon ; mais une balle le frappe. Ce brave mourut en héros ; avant d'expirer, il dit à ses compagnons d'armes, qui étaient autour de lui : « Allez dire au » premier Consul, que je meurs avec » le regret de ne pas avoir fait assez » pour la patrie ».

Cependant, le combat continue, la terre se couvre de morts ; Français et Autrichiens montrent la même ardeur pour la victoire. La mort de Desaix avait doublé le courage de sa division ; elle avait à venger son général, et ce mobile est puissant sur l'esprit des soldats.

*

Kellermann le jeune s'élance alors à la tête de sa cavalerie ; il rompt la colonne ennemie, et cinq mille grenadiers sont faits prisonniers. Il était cinq heures du soir, et l'on se battait depuis l'aurore. La ligne de Mélas est entamée ; néanmoins il veut tenir à Marengo : l'armée française le poursuit jusqu'à dix heures du soir.

Les trophées de cette fameuse journée furent cinq mille morts, huit mille blessés, sept mille prisonniers, trente pièces de canon et douze drapeaux.

L'armée de Mélas était, pour ainsi dire, détruite. Se voyant hors d'état d'opposer une plus longue résistance aux Français victorieux partout, il prend le parti de demander la paix. Berthier est choisi par le premier Consul, pour l'informer des conditions qu'on veut lui imposer ; elles étaient dures, mais il ne put les refuser.

Ainsi, à la bataille de Marengo, fut décidé le sort de presque toute l'Italie, du moins, de la partie conquise par Bonaparte, avant son expédition d'Égypte. Mélas ne put conserver que Mantoue. Le Piémont, la Lombardie, la Ligurie et les douze places fortes qui le défendent, rentrent sous la domination française.

Bonaparte achève d'organiser la république Cisalpine et le Piémont, et fait, des habitans de ces contrées, de puissans auxiliaires à la France.

Après la convention signée par Berthier et Mélas, Bonaparte revient à Paris, laissant le commandement de l'armée d'Italie à Masséna, et celui de la ville de Gênes à Suchet. Murat reçut en même temps l'ordre de se mettre à la tête de la Marche d'Ancone, et d'aller rétablir le Pape que les circonstances avaient fait descendre du trône pontifical.

Trois jours après la victoire de Marengo, Moreau avait battu les Autrichiens à Hochstedt et à Neubourg, et forcé le général Kray à suivre l'exemple de Mélas, après la prise de Feldkirch.

Bonaparte fut reçu à Paris avec l'enthousiasme le plus grand. Les victoires qu'il venait de remporter, les conquêtes importantes qu'il avait ajoutées à la France, et tout cela dans un petit espace de temps, accoutumaient la nation à voir en lui un homme extraordinaire, un génie conservateur que le ciel lui avait envoyé Aussi la patrie fut-elle bientôt tout en lui. Du reste, la gloire de ses armes ne lui firent point négliger le soin des affaires en dedans. L'ordre judiciaire, organisé sur des bases nouvelles, n'épouvantait plus la France, comme aux jours de la Convention ; la religion éplorée n'était plus sans ministres ; les temples avaient cessé d'être souillés par des cérémonies sacriléges ou impies ; les arts, les sciences et la littérature faisaient tous les jours des progrès nouveaux, sous la protection du premier Consul ; ceux qui les cultivaient n'étaient plus proscrits ; il leur était permis de jouir de leur gloire.

Ainsi la France, respectée au-dehors, présentait, dans l'intérieur, l'état le plus prospère, lorsque deux partis dont les opinions étaient diamétralement opposées, et qui s'étaient entr'égorgés si long-temps, se réunirent pour conspirer contre le premier Consul.

Leurs Séïdes avaient promis d'exécuter leur complot à l'Opéra ; mais ils ne purent y réussir : deux mois après le 10 octobre, ils renouvelèrent leurs tentatives dans un des quartiers les plus populeux de Paris, et, cette fois, avec quelque apparence de succès. Tout le monde a entendu parler de la *Machine infernale* et de sa terrible explosion. Bonaparte échappa à toutes ces menées des ennemis de la patrie, et la France put encore s'attendre à des exploits nouveaux.

Cependant, les conventions signées par les généraux français et les généraux autrichiens venaient d'être annulées. Kray et Mélas avaient été destitués; l'Archiduc Ferdinand, âgé de 18 ans, sous les ordres du général Lawer, s'avançait à la tête de la grande armée d'Allemagne, forte de cent cinquante mille hommes : Moreau lui fut opposé. L'armée d'Italie, dont l'Autriche menaçait également la France, était de quatre-vingt mille hommes, commandés par le feld-maréchal Bellegarde : Brune fut envoyé contre elle. Macdonald reçut le commandement de l'armée de réserve, qui se réunit à Dijon, et qui devait traverser les Alpes, comme l'avait fait le premier Consul huit mois auparavant. Pendant que Macdonald franchissait l'impraticable Splugen, Moreau battait l'Archiduc Ferdinand à Hohenlinden; il venait de l'obliger à une retraite précipitée, après lui avoir tué six mille hommes et pris cent quatre-vingts officiers, onze mille sous-officiers ou soldats, et cent pièces de canon. Le premier Consul, qui visait toujours à faire la paix avec l'Angleterre, lui annonça cette victoire par de nombreuses salves d'artillerie sur les côtes du Nord.

L'Archiduc avait encore cent mille hommes : Moreau reçut l'ordre de marcher sur Vienne. Les savantes manœuvres de ce général obligèrent le prince impérial de se replier sur cette capitale, après avoir perdu une grande partie de son armée. Il fallut pourvoir à la défense de Vienne : l'Autriche ne vit plus que l'Archiduc Charles, à qui cette défense pût être confiée. Ce prince était disgracié depuis le traité de Campo-Formio : il prit le commandement de l'armée ; mais Moreau le mit hors d'état de s'opposer à son entrée dans la capitale. Un armistice fut accordé à l'Autriche, moyennant la cession du Tyrol à la France. Par cette cession, l'armée de Moreau eut sa communication avec celle de Macdonald. Dans le même temps, Brune, qui avait passé l'Adige, et poursuivi Bellegarde, refusait de traiter avec ce général, s'il ne lui abandonnait Mantoue : Bellegarde offrait seulement Peschiera, Ferrare, Ancône et quelques autres places. Enfin, il céda Mantoue.

Voilà sous quels auspices s'ouvrait, pour la France, l'année 1801 ; ils lui présageaient beaucoup de bonheur, surtout après que le traité de Lunéville lui eût assuré la possession de tous les états de la rive gauche du Rhin, et eût donné l'Adige pour limites à l'Autriche. Ainsi la République augmentait tous les jours son territoire, et son influence imprimait déjà une impulsion nouvelle à toute l'Europe.

Par le même traité, l'Autriche reconnut l'indépendance des Républiques Cisalpine, Batave et Helvétique, et abandonna la Toscane à leur fondateur.

A cette nouvelle, qui parvint à Paris le 12 février, au milieu du carnaval, les habitans s'abandonnèrent à toute l'ivresse de la joie; jamais elle n'avait été plus grande.

Le premier Consul céda la Toscane à l'Espagne, en échange du duché de Parme dont la souveraineté appartenait à Ferdinand, aujourd'hui roi de Naples;

il obtint la clôture des ports de ce royaume aux Anglais, et l'île d'Elbe pour la France.

Cette île était occupée militairement par les Anglais. Les États du Saint Père furent affranchis par Murat. La Porte, l'Angleterre et le Portugal, composaient seuls, désormais, la coalition Européenne. Les Turcs, battus en Égypte, étaient accourus au secours du Pape, qui n'avait plus besoin d'eux; et le valeureux Murat, qui les avait vaincus à Aboukir, venait de les chasser de l'Italie.

Bonaparte, toujours dans le but d'affaiblir la prépondérance de l'Angleterre, offre la paix au Portugal, à condition qu'il consentira à renoncer à son alliance avec les Anglais; et, qu'en leur fermant ses ports, il recevra une garnison espagnole, et cédera Goa à la République Française. Le

Portugal répond à ces propositions du premier Consul, en faisant marcher, contre l'Espagne, une armée de quinze mille hommes. Cette dernière, comme on l'imagine bien, n'agissait que d'après les vues de la France. Le Portugal ne peut résister aux efforts du Prince de la Paix, et, le 6 juin, le Prince Régent de ce royaume signe le traité qu'il venait de rejeter.

L'Europe entière avait fléchi : restait seulement l'Angleterre pour ennemie à la République; et Sa Majesté Britannique devait paraître d'autant moins redoutable, que Paul Ier., empereur de Russie, ami et allié de Bonaparte, avait résolu d'unir le pavillon russe au pavillon français, pour affranchir les mers de la domination anglaise.

Ce prince avait quatre-vingt-sept vaisseaux de ligne et quarante frégates. La Suède, qui devait agir avec lui dans le même but, comptait huit bâtimens de haut bord et quatorze frégates. La France avait cinquante cinq vaisseaux de ligne et quarante-trois frégates ; elle pouvait en outre disposer des bâtimens Hollandais, Espagnols et Portugais. Il existait un autre projet entre Bonaparte et Paul Ier : c'était de faire envahir l'Inde par une armée de soixante-dix mille Français et Russes ; pendant que, d'un autre côté, Bonaparte se montrerait sur les côtes de l'Angleterre.

Cette orgueilleuse puissance, attaquée à la fois sur son propre territoire, et dans ses possessions de l'Inde, était à jamais perdue..... Paul Ier fut assassiné! On sait quelles mains tranchèrent ses destinées. Cette mort rendit la vie à l'Angleterre, et la sauva d'une ruine complète.

« Paul Ier., dit le *Moniteur* du
» temps, est mort dans la nuit du

» 23 au 24 mars 1801. L'escadre an-
» glaise a passé le Sund le 30. L'histoire
» nous apprendra les rapports qui
» peuvent exister entre ces deux événe-
» mens ».

Quoique seul pour l'exécution de ce projet, le premier Consul ne le poursuit pas avec moins d'ardeur; mais, pendant qu'il était occupé des préparatifs de l'expédition méditée, il apprend qu'une flotte anglaise se rassemble aux iles Baleares, pour coopérer, avec les Turcs, à la délivrance de l'Égypte. Il envoie aussitôt une armée sous le commandement du contre-amiral Gantheaume, pour assurer le salut de celle d'Égypte : cette expédition n'eut aucun succès. Une seconde fut faite sous les ordres du contre-amiral Linois, qui ne fut pas plus heureuse. Les débris de l'armée d'Égypte reparurent en France six semaines après.

Cette armée était, dans le principe, de quarante mille hommes : vingt mille seulement revirent leur patrie. Sur ces entrefaites, l'amiral anglais Nelson fit une tentative sur Boulogne, dans le dessein de brûler la flottille française.

Le premier Consul travaille à réparer la perte de l'appui de la Russie, en s'alliant le pape, la Bavière et le Portugal. Enfin l'Angleterre, se voyant abandonnée de toute l'Europe, parut redouter une lutte avec la France, et crut devoir consentir à la paix. Ses plénipotentiaires se rendirent à Amiens, où furent discutés les intérêts respectifs des deux puissances; et, le 25 mars 1802, les deux gouvernemens ratifièrent le traité qui venait d'être conclu dans cette ville. Les 8 et 9 octobre, la Russie, de concert avec la Porte, avait renoncé à la guerre par un traité, de manière que l'Europe vit enfin expirer les grandes agitations que la révolution française avait fait naître sur tous les points.

La France célébra cette paix par des solennités extraordinaires. Le peuple de Paris, ayant à sa tête le premier Consul, se porta en foule à la cathédrale, et remercia, par des actions de grâces, l'Être Suprême des bienfaits qu'il venait de lui accorder. Toutefois il faut observer que Bonaparte ne néglige rien pour faire servir l'ivresse du peuple à son élévation. Les partisans nombreux qu'il s'était faits, pratiquent, par son ordre, toutes les classes des citoyens, et leur insinuent qu'il importe à la patrie de proroger, de dix années, le pouvoir qui lui a été confié. Le Sénat reçut l'ordre de tenir prêt un sénatus-consulte; sa complaisance habituelle ne se démentit point; et, le 6 mai, parut l'acte qui porta le premier coup à la liberté; il fut meurtrier. En effet, Napoléon, averti qu'il était assez puissant sur l'esprit du peuple, pour espérer de pouvoir le tromper aussi souvent qu'il le jugerait convenable; convaincu de l'empressement du sénat à se soumettre à ses volontés, sentit s'accroître son ambition; et, le 12 août, il obtint le consulat à vie.

Toutefois on est forcé de convenir que son ambition servit d'abord admirablement la république, et peut-être lui sommes-nous redevables de l'agrandissement donné à notre territoire. Quoi qu'il en soit, l'île d'Elbe, le Piémont, la Suisse, les États de Parme, subirent successivement la loi de la France. L'occupation de ces divers Etats par les armées de la république, fit ombrage à l'Angleterre; elle s'en plaignit au premier Consul comme d'une infraction au traité d'Amiens, et demanda l'île de Malthe pour dix ans. Sur les refus de Bonaparte, les hostilités recommencèrent.

Huit jours suffirent à l'armée française pour faire la conquête du Hanovre. Toute l'armée anglaise, sous les ordres du duc de Cambridge, se voit forcée de déposer les armes et de se rendre à la discrétion du vainqueur. Dans ce moment, l'Angleterre avait beaucoup à craindre pour son île : voyant, d'un côté, ses armées de terre réduites à une honteuse inaction, et de l'autre, le premier Consul hâtant de tout son génie une descente sur son territoire.

Mais aussi le cabinet britannique avait une ressource bien puissante, celle de l'or, ressource dont il a su tirer un parti si avantageux, et à laquelle Bonaparte a dû, en grande partie, sa chute.

On dit qu'à l'époque désastreuse que nous venons de signaler, l'Angleterre soudoyait, dans la capitale de la République, et autour même du premier Consul, des personnes chargées d'ourdir les trames d'une conspiration nouvelle; et, ô infamie! on dit que des Français remplissaient ce rôle épouvantable. Quoi qu'il en soit de cette assertion, dans le moment même que Bonaparte travaillait à la ruine de ces perfides insulaires, éclata cette conspiration dont on a parlé si diversement, et à laquelle Moreau, Pichegru et Georges Cadoudal sont accusés d'avoir pris une part très-active. Des écrivains ont aussi avancé que toutes ces conspirations étaient l'œuvre du premier Consul, et qu'il les faisait naître dans le dessein d'attirer à lui le peuple et les soldats, en paraissant sacrifier tout aux intérêts de la république, et de se ménager ainsi les moyens d'éloigner ou de perdre tous ceux dont il redoutait le crédit et le patriotisme. Le but de cette conspiration était, à ce qu'on assure, de mettre Moreau à la tête de la République.

Sur ces entrefaites, on répandit le bruit que Dumouriez, au mépris de la gloire, entretenait des intelligences secrètes avec l'ennemi, et que le dernier rejeton de l'illustre maison du grand Condé, le duc d'Enghien avait paru sur la frontière. Le premier Consul, dans la crainte de voir se ranimer le parti royaliste, fait épier le malheureux prince, qu'une affaire de cœur, s'il faut en croire quelques auteurs, avait seule attiré dans les voisinages de la France. Nous n'entreprendrons pas de discuter ce fait, dans la pensée qu'il importe beaucoup plus à l'histoire de faire connaître la conduite de Bonaparte à l'égard du jeune Condé.

Rien n'est sacré pour le premier Consul, quand il s'agit de s'emparer d'un personnage illustre par sa naissance, dont le grand nom peut exercer, sur l'esprit de la multitude, une influence dangereuse à son autorité. Les terres de l'empire sont aussitôt violées, et le jeune prince conduit à Vincennes. Son procès ne fut pas long; sa mort était jurée; la conscience de ses juges était tout entière en la volonté du Consul. Aussi toutes les formes judiciaires sont-elles oubliées ou méconnues; on impose des bornes à la défense, et on la prive de la publicité qui lui est si salutaire. En un mot, le mystère le plus profond couvre cette fois la marche de la justice; le jugement même fut exécuté dans l'ombre. Les chênes antiques, dont le pieux Louis IX avait fait jadis le sanctuaire de sa justice, sont les seuls témoins de la fin tragique de son jeune petit-fils. Il sera difficile, même aux admirateurs les plus exaltés de Bonaparte, d'effacer la tache dont cette mort a souillé sa mémoire. On a beau dire que c'était un crime salutaire, commandé par les circonstances.

A peine le duc d'Enghien était tombé sous le plomb meurtrier, que Moreau reçut l'ordre de son bannissement. Pichegru n'avait pas attendu qu'on ordonnât son supplice; il s'était étranglé dans sa prison. Georges Cadoudal seul fut exécuté. Le sang venait de cimenter le pouvoir du premier Consul: tout fléchissait, tout tremblait sous ses ordres. La France avait presque oublié qu'elle avait prodigué le sang de ses enfans pour l'établissement de sa liberté.

TROISIÈME ÉPOQUE.

L'ambition de Bonaparte n'était pas satisfaite; le titre de premier Consul lui paraissait trop populaire : il lui en fallait un autre entouré d'un plus grand éclat; il choisit celui d'empereur, et, le 18 mai 1804, il fut salué par les cris de *Vive sa Majesté Napoléon* Ier. Il se servit, pour monter au trône impérial, des mêmes moyens qui lui avaient fait conférer le consulat à vie.

Cependant les républicains laissaient échapper des murmures; Napoléon les apaisa, en paraissant vouloir ranimer la liberté; mais elle ne jeta qu'un feu mourant et sombre, et semblable à celui d'une lampe sépulcrale. Néanmoins il consacra le grand principe de l'égalité, principe qui avait coûté tant de sang à la France, et qui avait été l'une des causes principales de la révolution. Il ne cessa de s'en montrer le protecteur zélé, puisque tous les jours il tirait, du dernier rang des citoyens, les hommes de mérite, pour leur conférer des dignités et des emplois importans. On sait que ceux qui furent le plus accablés de ses faveurs, ne dataient leur noblesse que de celle qu'ils tenaient de lui.

Il signala, par des actes de clémence, les premiers jours de son règne; tous ceux qui avaient été condamnés avec Georges Cadoudal, furent graciés. Il ne manquait plus à Napoléon que de consacrer sa puissance par les cérémonies religieuses. Aussitôt, par ses ordres, le souverain pontife arrive à Paris, et il reçoit, de ses mains, l'onction sacrée.

L'espoir d'une longue prospérité semblait être permis à la France, lorsque les suites de la violation du traité d'Amiens, par les Anglais, força l'empereur de l'appeler de nouveau aux armes. Cependant, il est vrai de dire qu'il ne négligea rien pour assurer le maintien de la paix. Il écrivit au roi de la Grande-Bretagne pour le prier de ne pas rompre la bonne intelligence qui régnait entre toutes les puissances de l'Europe, l'assurant qu'il serait comptable à l'humanité du sang qu'on allait répandre. Le cabinet de St.-James ne parut pas effrayé de cette considération, et s'occupa uniquement de se faire des alliés; la Russie lui promit son appui. Les flottes anglaises avaient préludé à la guerre par la destruction, dans les ports de l'Espagne, de quelques vaisseaux marchands, appartenant à cette même puissance dont Napoléon dirigeait toutes les actions. Suivant le traité fait avec elle, il lui demande cinq mille hommes d'embarquement, et trente vaisseaux de ligne qui, réunis aux forces de l'empire, présentèrent une masse de cent-quatre-vingt-treize mille hommes. La flotte était composée de soixante-neuf vaisseaux de ligne, et de plus de deux mille bâtimens de transport ou de guerre, etc, tous armés, et prêts à faire voile vers la Tamise.

C'est avec de telles ressources que l'Empereur proposait au roi Georges de donner la paix au monde. Ce fut sur ces entrefaites que l'Italie vint offrir la couronne de fer à Napoléon. Il l'accepte, et se rend à Milan avec l'impératrice Joséphine, et il y fait son entrée solennelle au milieu de l'enthousiasme général. Comme à Paris, Napoléon place lui-même sur sa tête, la couronne des Lombards, et il prononce ces mots, à haute voix : « *Dieu me l'a* « *donnée : gare à qui la touche.* » Le 8 juin, Eugène Beauharnais, son fils adoptif, est proclamé vice-Roi d'Italie. Le 9 du même mois, Gênes demande son union à la France. Napoléon y consent, et la fait diviser en trois départemens, qui prennent les noms de Gênes, de Montenotte et des Apennins. Après avoir reçu les félicitations du Saint-Siége, de Naples et du Portugal, Napoléon quitte Milan le 10, pour visiter le théâtre de ses premiers exploits.

Pendant ce temps, l'Angleterre et la Russie stipulaient un traité par lequel cette dernière puissance s'obligeait à fournir cent quatre-vingt mille hommes pour reprendre le Hanovre, affranchir la Hollande et la Suisse, faire évacuer Naples par les Français, rétablir le Roi de Sardaigne sur son trône, et pour donner à l'Autriche une frontière en Italie. Cette dernière puissance, épouvantée de la prépondérance de Napoléon, entre dans la coalition Anglo-Russe, et le 9 août 1805, quatre-vingt mille hommes, sous les ordres de l'Archiduc Ferdinand et du général Mack, sont mis en mouvement contre la France, pendant que le prince Charles prend position dans le Tyrol avec trente mille autres soldats. Napoléon, de retour de son voyage d'Italie, apprend à Boulogne, où il avait établi un camp, ces nouvelles dispositions de la part de ses ennemis.

Aussitôt il dirige sur l'Allemagne, l'armée destinée à débarquer en Angleterre. Le général Duroc est envoyé à Berlin pour s'assurer de la neutralité de la Prusse pendant la campagne qui va s'ouvrir.

L'Empereur est informé que cette puissance a refusé d'y prendre part, malgré les instances réitérées des Russes et des Autrichiens; que cent-cinquante mille hommes doivent garantir sa *neutralité armée*. Napoléon fait partir quatre-vingt-dix mille Français pour l'Autriche; et, un mois après, sept corps d'armée paraissent sur la rive droite du Rhin. Ces corps sont sous les ordres des maréchaux Bernadotte, Davoust, Soult, Lannes, Augereau, Ney, et le général Marmont; en même temps une grande réserve de cavalerie, commandée par le maréchal Murat, marche sur ce point. La garde impériale compose le huitième corps. Napoléon entre en Allemagne avec cent-soixante mille hommes; Masséna, à la tête de soixante mille braves, soutenus par les vingt mille de l'armée d'occupation de Naples, se dirige contre l'archiduc Charles. Le 8 octobre, Oudinot, Murat et Lannes ont battu, détruit, à Wertingen, une division autrichienne. Le lendemain l'archiduc Ferdinand est en fuite, et Soult est maître de la ville d'Augsbourg. Bernadotte s'empare de Munich le 12; et le 14, pendant que Ney foudroie l'ennemi à Elchingen, Soult fait capituler Memmingen. Le 16 Murat fait trois mille prisonniers devant Langeneau. Le général Mack capitule dans Ulm le 20, et on lui prend trois mille hommes. Lannes entre dans Braunau le 28, et Bernadotte est à Salzbourg le 30. Davoust est dans la Haute-Autriche : l'armée d'Italie s'est emparée de Vienne. Masséna a battu un corps autrichien, et l'a forcé de capituler : l'archiduc Charles fuit devant lui. Ney est à Inspruck et à Hall : il a mis également en fuite l'archiduc Jean qui commandait en chef l'armée autrichienne dans le Tyrol. Le 10, Davoust détruit le corps de Merfeldt à Marienzell, pendant que Marmont s'empare de Léoben. Le 11, après un combat qui dura plusieurs heures contre l'arrière-garde russe, Mortier rejoint l'armée du Rhin. Le 13, les Français entrent en vainqueurs dans Vienne, que l'empereur d'Autriche venait d'abandonner. Les Autrichiens se retirent en Bohême : le 18, une armée russe a fait sa jonction à Wischau avec celle de Kutusow. Le 19, Napoléon a son quartier-général à Wischau. Cette position est dangereuse. Il se porte sur les plaines de la Moravie, et s'arrête près d'un village qu'une grande bataille va illustrer. C'est le 2 décembre que les armées russes et autrichiennes, commandées par leurs empereurs en personne, se trouvent en présence de l'armée française, sous les ordres de Napoléon. Elles sont fortes de cent mille hommes : celle de Napoléon de quatre-vingt-dix mille. Les premiers feux du jour éclairent leurs manœuvres ; l'action se prolonge jusqu'à la nuit. Enfin l'ennemi est foudroyé, écrasé sur les glaces.

L'empereur d'Autriche, après cette mémorable journée, vint demander la paix au vainqueur. L'empereur de Russie sollicite un sauf-conduit pour quelques corps de son armée : il l'obtient de la magnanimité de Napoléon. Cette armée avait perdu trente mille hommes, vingt généraux, quarante-cinq drapeaux et tout son matériel. Le 15 décembre, Napoléon se fait céder, par la Prusse, en échange de l'électorat de Hanovre, les pays d'Anspach, Bareutk, Clèves, le grand duché de Berg, dont il dote son beau-frère Murat, et la principauté de Neufchatel, qu'il donne à Berthier, chef d'état-major de la grande armée française.

Le 26, par un traité signé à Presbourg, Napoléon est reconnu roi d'Italie, et réunit à ce nouveau royaume la Dalmatie, Venise et l'Albanie. Il partage entre les ducs de Wirtemberg et de Bade et l'électeur de Bavière, la principauté d'Eichstett, la Souabe autrichienne, Augsbourg et le Tyrol. Le duc de Wurtemberg et l'électeur de Bavière reçoivent de Napoléon le titre de *roi.* Le 27, il proclame son frère Joseph roi de Naples, marie le prince Beauharnais avec la fille du nouveau roi de Bavière, et le déclare son successeur au trône d'Italie, s'il meurt sans postérité.

Napoléon rentre à Paris le 28 janvier 1806, après avoir, en moins d'un an, détruit les forces réunies de trois grandes puissances, créé deux royaumes, chassé du trône de Naples l'antique dynastie qui l'occupait pour y placer un de ses frères ; enfin, après avoir distribué à ses généraux une partie de l'Empire germanique. Cependant, des succès aussi nombreux n'empêchent pas une quatrième coalition de se former. La Prusse renonce à sa neutralité ; elle fait plus, elle ouvre ses ports aux Anglais. La Russie, plus prudente, et se ressouvenant encore de l'humiliation qu'elle avait reçue en Autriche, refuse d'abord de reconnaître le traité que son envoyé avait signé le 25 août. La nouvelle coalition comptait, sans doute, sur l'Autriche ; mais il n'était guère permis à l'empereur de remuer, depuis que la confédération du Rhin avait été formée sous le protectorat de Napoléon. La politique de ce dernier, en fondant cette confédération, avait été de séparer la politique des rois de Bavière et de Wurtemberg, de celle d'Allemagne ; et, en second lieu, de forcer l'empereur d'Autriche à abdiquer la couronne Germanique, et à se démettre de tous ses droits sur l'empire d'Allemagne. Néanmoins, effrayé du danger qui le menace, le cabinet Autrichien traite secrètement avec l'Angleterre, la Suède et la Russie.

L'ambassadeur de France vient d'être insulté à Berlin : la perte de la Prusse est jurée. Cependant les intentions hostiles de la Russie sont confirmées par les succès que Marmont remporte sur les Russes réunis aux Monténégrins et à Castel-Novo. Napoléon reprend les armes : le 3 octobre, il est à Wurtzbourg ; le 6, à Bamberg. Après les combats de Schleitz, de Hoff et de Saalfed, où le prince Louis de Prusse reçoit la mort, Napoléon apprend que le prince de la Paix vient d'appeler la nation espagnole aux armes par une proclamation qu'il désavoue ensuite. Vingt mille Espagnols sont sur pied ; mais, au lieu d'opérer contre la France, ils vont la défendre sur la mer Baltique. Napoléon écrit au roi de Prusse pour prévenir l'effusion du sang. Ce souverain, qui a connaissance de la proclamation du prince de la Paix, mais qui en ignore les résultats, rejette les propositions de l'empereur ; et, le lendemain 14 octobre, à Jéna et à Auerstaëdt, où commande le roi en personne, l'armée prussienne est détruite, et sa monarchie effacée de la liste des États. Quarante mille hommes tués ou pris, deux cent soixante pièces de canon, et tous les magasins de l'armée ennemie, tels sont les trophées de cette journée doublement immortelle. Le duc de Brunswick, le maréchal de Moellendorf, et le lieutenant-général de Schmetten, sont blessés mortellement.

Le 16, le roi de Prusse demande un armistice ; il n'était plus temps : Napoléon le refuse. Le même jour, le maréchal Kalkreuth est défait par le maréchal Soult, qui le poursuit jusqu'à Magdebourg. D'un autre côté, Erfurth capitule ; quatorze mille Prussiens, parmi lesquels se trouve le prince d'Orange, aujourd'hui roi des Pays-Bas, sont faits prisonniers, et cent pièces d'artillerie, avec des munitions considérables, sont au pouvoir des Français, qui vont occuper Leipsick, Halberstadt, Potzdam, Spandaw, Brandebourg et Berlin. Le 18, Blücher fuyait avec un corps d'armée échappé au canon des Français; le général de cavalerie Klein, l'atteint à Weissenfels, Blücher trompe le général français de la manière la plus déloyale, en alléguant, sur sa *parole d'honneur*, l'existence d'un armistice entre son souverain et celui de France.

Le 28, à Preutzen, Murat et Belliard, à la tête de dix mille hommes de cavalerie, font mettre bas les armes à 16,000 hommes de la garde du roi de Prusse, sous les ordres du prince de Hohenlohe. Le 29, le général Milhaud, avec quinze cents hommes, fait cinq mille prisonniers : le même jour, Stettin, défendu par cinq mille soldats, se rend au général Lasalle, qui n'a que douze cents hommes de cavalerie. Le général Bulher désarme, à Andlaw, quatre mille Prussiens, et Kustrin se rend au maréchal Davoust avec quatre mille hommes et quatre-vingt-dix pièces de canon. Le maréchal Mortier envahit l'Électorat de Cassel. Le parjure Blücher est enfin atteint à Lubeck, par les maréchaux Murat, Bernadotte et Soult, et, dans les journées du 6 et du 7 novembre, il est fait prisonnier avec la garnison du Rathau Ces divers combats coûtèrent à la Prusse vingt-mille hommes, y compris Blücher, le duc de Brunswick-Oëls, dix généraux, cinq cent dix-huit officiers, soixante drapeaux, cinq cents chevaux et tout le matériel de l'ennemi.

Le lendemain 8, le maréchal Ney reçoit la capitulation de Magdebourg. Les Prussiens perdent, dans cette affaire, vingt généraux, dix-huit mille hommes et cinq cents pièces de canon. En moins d'un mois toute la Prusse est occupée par les armées françaises.

Deux décrets de Napoléon sont datés de Berlin : l'un appelle les citoyens de vingt à soixante ans, au service de l'intérieur; l'autre, du 21 novembre, déclare les îles Britanniques en état de blocus, et ordonne la saisie de tout anglais et de toutes marchandises anglaises trouvés en France ou dans les pays qui lui sont soumis. Cependant, la Russie arrive au secours de la Prusse. Le 12 novembre ses drapeaux flottent à Warsovie : Murat entre dans cette ville le 28. La Silésie est envahie par une division française, et le 2 décembre, Glogau capitule entre les mains du général Vandamme : deux cents pièces de canon sont le fruit de cette action. Davoust passe le Bog ; Napoléon entre à Posen, et traite avec le prince de Saxe, qu'il nomme roi. Ce prince entre dans la confédération du Rhin, avec tout ce qui tient à sa maison ; et les Saxons, qui ont combattu à Jéna avec les Prussiens contre l'armée française, fournissent une cavalerie que l'empereur doit appeler la *brave* et *loyale*. La Prusse s'est révoltée ; mais, avant de retourner en Allemagne, pour la faire rentrer dans l'ordre, Napoléon veut punir la Russie du refus de l'armistice d'Austerlitz ; et le 2 décembre, par suite des négociations de Napoléon, le divan déclare la guerre à Alexandre. L'armée que la Russie a en Pologne, forte de cent soixante mille hommes, est culbutée dans les combats de Czernowitz et Morhungen. Le 26 décembre, après le combat de Pultusk, les Russes se retirent, et vont chercher l'ennemi à Preussich-Eylau, le 6 février 1807 : ils sont au nombre de 70,000. L'action s'engage ; 30,000 combattans restent sur le champ de bataille. La France y perd le lieutenant-général d'Hautpoult, qu'on a vu traverser l'armée ennemie avec ses cuirassiers. Cette bataille ne peut être considérée comme une victoire.

L'armée française rejoint les Russes le 16 février, et les bat à Ostrolenka et à Braunsberg. Lefèvre, après un siége de cinquante-un jours, s'empare de Dantzick : le 1er juin, Napoléon y fait son entrée. Plusieurs autres combats, plus ou moins meurtriers, préludent à la bataille de Friedland qui a lieu le 14 juin, et où Napoléon déploie toute la puissance de son génie militaire. Au milieu de vingt mille hommes de sa garde, qui ont l'arme au bras, il fait détruire l'armée russe par ses troupes de ligne et sa cavalerie française et saxonne. L'empereur Alexandre, qui commandait en personne, perd dans cette journée quarante mille hommes tués, blessés ou prisonniers, soixante-dix drapeaux, Kœnigsberg et toute la Silésie. Ce fut après cette bataille qu'eut lieu, sur le Niémen, presque sous les murs de Tilsit, l'entrevue de Napoléon avec l'empereur de Russie et le roi de Prusse, à qui cette dernière ville appartenait avant la victoire des Français. Frédéric est sans états et dans la posture d'un suppliant : son espoir est tout entier en la générosité du vainqueur qu'il a offensé, et envers qui il a violé la foi des traités. Napoléon, maître, pour ainsi dire, des destinées de l'Europe, signe la paix à Tilsit, et permet au roi de Prusse de régner, mais après avoir réduit ses états de moitié. Après une telle déclaration, Napoléon pouvait tout espérer de son systême contre l'Angleterre; et la ruine de cette puissance eût été infaillible, si les Souverains eussent été fidèles à leurs engagemens.

L'empereur de Russie reconnaît, par ce traité, Louis roi de Hollande, Joseph, roi de Naples, et Jérôme, roi de Westphalie; il reconnaît aussi le roi de Saxe, le roi de Wurtemberg, et Napoléon, pour protecteur de la Confédération du Rhin. Enfin les trois Souverains quittent Tilsit le 9 juillet, après mille protestations d'amitié.

Napoléon rentre à Paris le 29, après une absence de neuf mois. Le 16 octobre, la Suède, trompée par l'Angleterre, signe un traité offensif et défensif. Indigné de la conduite des Anglais contre le Danemark, l'Empereur de Russie, par un ukasse du 31 octobre, proscrit toute communication entre les deux États, jusqu'à ce que l'Angleterre ait consenti à la paix avec la France. Le 10 novembre suivant, ce souverain adopta le système continental de Napoléon, et l'entrée de ses ports fut interdite aux vaisseaux et aux marchandises des Anglais.

Délivré de tous ses ennemis, Napoléon cesse de dissimuler ses ressentimens contre le prince de la Paix. Il n'a pas oublié sa proclamation : il veut l'en punir, et commence par la plus infâme trahison, cette guerre d'Espagne, si fatale à la France.

Sous prétexte d'agir contre le Portugal, qui était l'allié de l'Angleterre, il fait partir pour Lisbonne une armée, sous les ordres du général Junot, et souffle la désunion entre le Roi et le prince Royal d'Espagne. Le 29 novembre, l'armée française est à vingt lieues de Lisbonne. Le prince Jean a appris la veille, par le Moniteur du 13, que la *maison de Bragance a cessé de régner*, expression du décret de Napoléon : saisi d'effroi, il part avec sa famille pour le Brésil, n'ayant sous ses ordres que quelques vaisseaux en assez mauvais état. Junot entre à Lisbonne le 30. Une contribution de cent millions apprend au Régent de Portugal que son royaume est occupé. L'Empereur va attendre à Milan le résultat de l'invasion contre la péninsule. Le système continental contre l'Angleterre se poursuit rigoureusement. Le 21 janvier 1808, tout le Rhin est déclaré soumis aux Français. Le 22, après avoir appris l'arrivée du prince Jean à Rio-Janeiro, Napoléon rend un décret qui appelle quatre-vingt mille conscrits sous les drapeaux, tandis qu'un corps de nos troupes s'établit à Rome pour déjouer les intrigues qu'on ourdissait contre lui.

En même temps, il fait occuper Pampelune, Figuières et St. Sébastien; et cependant vingt mille Espagnols suivent les étendards de la France. Charles IV quitte Madrid; il fuit à Séville, au milieu des troubles qui divisent sa maison, et abdique, le 19 février, en faveur de Ferdinand, après avoir fait arrêter le prince de la Paix, instrument secret de Napoléon. Murat, arrivé à Madrid, délivre ce dernier. Le vieux roi apprend cet événement, et proteste, le 21 mars, contre son abdication. Murat va être juge entre le père et le fils, mais Napoléon est à Bayonne dès le 15 avril, et c'est là que la famille royale dont il a déjà prononcé l'arrêt, doit être entendue. Le 30 avril, Ferdinand remet la couronne à son père, qui signe aussitot l'acte de spoliation de toute sa famille. Napoléon satisfait du résultat de ses manœuvres, fait alors transporter au château de Valençay, Ferdinand, son frère don Carlos et son oncle Antonio. Charles IV, la Reine et le prince de la Paix, également prisonniers, partent deux jours après pour Compiègne, et Joseph quitte le trône de Naples pour monter sur celui des Espagnes. Cette trahison inouie devait exciter la plus grande commotion en Europe.

Napoléon, par cette conduite déloyale, soulève l'indignation de tous les Souverains. L'Espagne ne voit plus en lui qu'un vil ambitieux, sans délicatesse comme sans foi, incapable de respect pour les droits des nations, quand il s'agit de contenter sa soif des conquêtes. Des murmures on passe à la révolte, et enfin, le 27, jour de la fête de Ferdinand, une junte provinciale s'établit à Séville. Cette junte déclare ne reconnaître d'autre roi que Ferdinand; l'insurrection se répand partout; partout on court aux armes; chaque espagnol est soldat, et tous ensemble jurent de verser jusqu'à la dernière goutte de leur sang pour la conservation de leur indépendance. Le Portugal se révolte également.

Toute l'Espagne est en monvement, on en vient aux mains, le 12 juillet, à Médina del Rio Secco. Les Espagnols sont contraints de plier.

Mais le 22, le général Dupont est obligé de capituler avec treize mille Francais à Andujar, au moment où il allait opérer sa jonction avec le général Vedel, ce qui devait placer les Espagnols entre deux feux.

Les vaincus furent traînés aux pontons devant Cadix. Les vingt mille hommes que l'Espagne avait au service de la France, débarquent le 31 juillet en Portugal, avec cinq mille anglais; Wellington est à leur tête. Le 21 août à Veinciro, Junot résiste avec dix mille hommes, au choc de vingt-six mille. Un armistice est le résultat de cette affaire, et, huit jours après, le même général fait capituler Cintra. Napoléon était de retour à Paris depuis le 14 août. Le mauvais état de ses affaires en Espagne, l'oblige à lever cent soixante mille conscrits. Il signe en même temps la convention du 8 septembre, si onéreuse à la Prusse. Il trace, dans ce royaume, sept routes militaires, et y laisse une armée d'occupation. Le 27 septembre, il réunit à Erfurt l'empereur Alexandre, et tous les petits souverains qu'il a créés dans le nord de l'Europe, à l'exception de l'empereur d'Autriche, dont l'autorité n'est plus d'aucun poids dans les affaires. Les deux empereurs écrivent au roi d'Angleterre, pour l'engager à ne pas refuser plus longtemps la paix au monde. On répond que le roi d'Angleterre ne peut prendre part à cette négociation, qu'autant que le Portugal, l'Espagne, la Suède y seront admis. Cette démarche n'eut donc aucun résultat. L'empereur revient à Paris, où il arrive le 26 octobre : huit jours après, il est en Espagne. Avant de quitter Erfurt, il avait fait une concession importante à la Prusse, afin de pouvoir disposer des quatre-vingt mille hommes qu'il avait dans ce royaume, et les faire servir à la conquête de l'Espagne : ils sont en marche. La prise de Burgos, les victoires de Spinosa et de Ludella, qui coûtaient quarante mille hommes aux Espagnols, livrent Madrid à Napoléon le 4 décembre. Il y rétablit le régime constitutiounel, abolit l'inquisition et la féodalité des moines et des nobles. Tant qu'il demeure en Espagne, l'armée française y est victorieuse. Les Anglais, réunis aux Espagnols, sont battus par le maréchal Soult à Pierros et à la Corogne, où le général en chef Moore est tué. Le même maréchal entre en Portugal ; il prend Chavas ; et, dans la bataille d'Oporto, il détruit l'armée portugaise, et se rend maître de la place la plus importante du Portugal, après celle de Lisbonne. D'un autre côté, le maréchal Victor bat les Espagnols à Medelen, et menace Badajoz le 28 mars 1809. Sarragosse, après vingt-huit jours de tranchée ouverte, et une perte de quarante mille habitans de tout sexe, s'est rendue au maréchal Lannes le 21 février. Ce fut dans ces entrefaites qu'eut lieu l'abdication du roi de Suède, Gustave Alphonse IV.

Cependant l'espèce de mépris avec lequel l'empereur d'Autriche avait été traité dans les conférences d'Erfurt, l'usurpation de la couronne d'Espagne que plusieurs juntes avaient offerte à l'archiduc Charles, devaient amener une cinquième coalition. Dès la fin de 1808, le cabinet de Vienne se préparait secrètement à rompre le traité de Tilsit. Toujours appuyée de l'Angleterre, cette puissance reprit les armes au commencement d'avril, et mit cinq cents cinquante mille hommes sur pied, y compris la *landwer* : Napoléon n'en avait pas deux cens mille à lui opposer, soit en Italie, soit en Allemagne. L'archiduc Charles est à la tête de l'armée autrichienne : il a sous ses ordres les archiducs Louis, Ferdinand, Joseph et Jean, avec les généraux Hiller, Kienmayer, Haddig et Jean de Lichteinstein. Il passe l'Inn le 9 avril, et, pour la seconde fois, la Bavière est envahie sans déclaration de guerre. Napoléon est de retour à Paris le 4 février ; il part de cette capitale le 13 avril. Le 19, les hostilités commencent à quatre lieues de Ratisbonne ; et, suivant l'ancienne tactique, la ligne d'opérations autrichiennes est coupée. C'est le maréchal Davoust qui ouvre la campagne à la tête des Bavarois et des Wurtembergeois. Les succès de ces troupes préparent à l'Empereur ceux qu'il obtient le 20 à Abensberg. Le 21, l'ennemi est encore culbutté à Lanshut, et, le 22, a lieu la fameuse bataille d'Elkemul qui doit immortaliser Davoust. Le 23, Napoléon, avec une faible escorte de dragons de sa garde, remporte sur l'archiduc Charles, une victoire qui met Ratisbonne au pouvoir de l'armée française. Le 25, elle passe l'Inn, et le 28, après avoir traversé la Salza à Burghausen, elle rejette l'ennemi dans les défilés de la Bohême; le 4, elle lui enlève Ebersberg, après un combat des plus meurtriers; et le 10, au moment où le maréchal Soult est obligé d'évacuer le Portugal, Napoléon est de nouveau sous les murs de Vienne.

Pendant cette opération, l'armée d'Italie, sous les ordres du prince Eugène, faisait des prodiges de valeur. Elle avait battu l'archiduc Jean au combat de Caldière, le 28 avril, et passé la Piave le 8 mai. L'empire Germanique était attaqué de toutes parts.

Quarante mille Russes venaient de chasser de Varsovie les Autrichiens qui s'en étaient emparés le 21 avril.

Tant d'ennemis réunis contre l'empereur d'Autriche devaient le réduire à la nécessité de demander encore la paix; mais il lui fallait, avant, subir l'humiliation de voir le siége de son empire au pouvoir des Français. C'est le 1- mai que Napoléon fit, pour la seconde fois, son entrée dans Vienne; et c'est là qu'il dicte le décret qui dépouille le Saint-Père des États romains pour les réunir à la France. Trois semaines après une bulle d'excommunication est lancée contre le Chef de l'empire français; mais le temps n'était plus où une bulle pouvait décider des princes et des trônes, et Rome et l'Europe sourirent de cette vengeance du Saint-Siége. Elle ne fut pas assez puissante pour distraire de leur alliance avec la France les peuples qui l'avaient aidée dans l'invasion de l'Allemagne. Napoléon n'en continua pas moins ses expéditions militaires.

Le 22, le village d'Esling donna son nom à une grande bataille et à laquelle le maréchal Masséna prit une grande part. Les pertes des deux armées y furent à peu près égales : le brave maréchal Lannes, duc de Montebello, y reçut une blessure mortelle: Napoléon le pleura. Ce souverain avait montré dans cette journée toute la témérité du soldat : ce fut au point que le général Walter, commandant les grenadiers à cheval de la garde, lui cria, au fort de l'action : « Retirez-vous, Sire, ou je » vous fais enlever par mes grenadiers.»

Les armées françaises occupent Trieste, Inspruck, Leybach, Léoben, Salzbourg, le Voralberg, le Tyrol, la Carinthie, la Carniole, le Frioul, l'Istrie; Marmont est à Fiennes avec l'armée de Dalmatie.

Le 26 mai, l'armée d'Italie a fait sa jonction avec celle d'Allemagne à Bruck en Styrie. Le 14 juin, le prince Eugène gagne sur l'archiduc Jean la bataille de Raab, en Hongrie, et le force à repasser le Danube.

La place de Raab capitule le 22, et, après la bataille d'Enzersdorf, qui a lieu le 5 juillet, l'armée d'Italie, séparée de la grande armée par le Danube, depuis l'affaire d'Esling, opère sa jonction. Le lendemain, Napoléon livre la fameuse bataille de Wagram, dont le gain le rendit encore maître de l'empire Germanique : on dut cette victoire à ses savantes manœuvres. L'Autriche, pour la troisième fois, demande la paix à l'empereur des Français, qui consent à un armistice : il est signé le 12 juillet à Znaïm. Le vainqueur y mit un prix, en une contribution de deux cent millions de francs sur les états conquis, et en faisant occuper Cracovie par un fort corps de Polonais.

Tandis que la France faisait la conquête des états de l'empereur d'Allemagne, les colonies du Sénégal tombaient au pouvoir de l'Angleterre, et Wellington humiliait les armes du roi Joseph à Talavera. D'autres avantages qu'il remporta sur ce prince le mirent en état de menacer la Hollande et la Belgique. Bernadotte lui fut opposé : il devait triompher, et l'Anglais évacua Flessingues, après en avoir détruit les chantiers et les arsenaux.

Pendant ces divers mouvemens, Murat faisait enlever le Pape de Rome (le 6 juillet). On assure que cet acte injuste et contraire à tous les droits établis, fut commis sans l'ordre de Napoléon : toutefois il le consacra de son approbation. Pie VII fut conduit à Savonne.

Le 8 août, trois armées françaises passent le Tage au-dessus du pont de l'Arzobisbo. Elles sont sous les ordres des ducs de Trévise, d'Elchingen et de Dalmatie. Le général Caulaincourt passe le même fleuve à la nage avec deux régimens de dragons, et, au milieu de la mitraille et des boulets, s'empare du pont de l'Arzobisbo que défendent vingt mille Espagnols. Le 19 novembre, le maréchal Mortier, à la tête de vingt-cinq mille hommes, détruit à Ocana cinquante mille espagnols. Le 10 décembre, après cinq mois de siège, Augereau prend la place de Gironne : il y trouve deux cents pièces d'artillerie.

Napoléon est de retour à Paris. Tous les Souverains de l'Europe ou leurs plénipotentiaires s'y trouvent réunis. L'Angleterre seule n'y est pas représentée. Le mariage de Joséphine et de Bonaparte est dissous, sous prétexte que l'Empire ne doit pas être privé d'héritiers ; et qu'il importe à l'État que la dynastie de Napoléon ne tarisse pas dans sa source. Joséphine et Eugène se soumettent noblement à ce grand sacrifice. Deux princesses impériales sont appelées à partager les destinées de l'empereur des Français: l'une appartenait à la maison des anciens Czars, l'autre à celle d'Autriche. Napoléon se décide d'abord pour la grande Duchesse de Russie ; mais l'empereur Alexandre demande un délai de quelques mois, à cause de l'âge trop peu avancé de la princesse. Pendant le cours de ses négociations, l'Autriche ne négligeait rien pour appeler sur Marie-Louise le choix de Napoléon. Elle vit bientôt s'accomplir ce qu'elle recherchait avec tant d'ardeur, et qui s'accordait si bien avec ses intérêts.

Le cardinal Fesch, oncle de l'Empereur, et grand aumônier de France, consacra cette union par les cérémonies religieuses, le 1er avril 1810. Elle semblait rendre indissoluble l'alliance de l'Autriche avec la France, et faciliter l'exécution des desseins de cette dernière puissance contre l'Angleterre. Au-dedans comme au dehors, tout semblait se déclarer en faveur du système de Napoléon. Au-dedans, les sciences, appliquées à l'industrie, nous rendaient tous les jours les productions des Indes, dont nous avait privés l'anathème lancé contre tout ce qui nous était porté par l'entremise de l'Angleterre; au dehors, nos victoires avaient imprimé la terreur et le respect; en un mot, tout concourait à l'affermissement du trône impérial.

Le Brabant hollandais, la Zélande et

une partie de la Gueldre venaient d'être réunis à la France, sous le nom de départemens des Bouches-de-l'Escaut, et des Bouches-du-Rhin. 18000 hommes y avaient été envoyés pour soutenir le système contre l'Angleterre. La Hollande, par sa position, ne pouvait se passer de commerce avec cette dernière puissance : Louis Bonaparte, qui y régnait depuis quatre ans, représente à son frère tout ce que sa haine contre les Anglais avait de ruineux pour la Hollande, et finit par lui dire qu'il aimait mieux renoncer à sa couronne, que d'être l'instrument volontaire de la ruine de son peuple. Il abdique en faveur de son fils le 1er juillet 1810 : mais un décret impérial ordonne aussitôt que la Hollande fera désormais partie intégrante de l'Empire. Ainsi un simple décret de Napoléon faisait disparaître les nations, créait et anéantissait les rois et les royaumes. L'Angleterre n'avait plus d'asile qu'en Portugal, encore l'abord de ces lieux lui était-il devenu difficile à cause de l'occupation d'une partie de ce royaume par l'armée française. Cette armée remportait chaque jour des victoires, sous les ordres de Soult, Ney, Suchet, Junot, Masséna et autres.

Dans le même temps, Bernadotte, prince de Ponte-Corvo, venait d'être proclamé héritier de la couronne de Suède, après avoir été adopté par le roi Charles XIII, malgré le désir de Napoléon de voir tomber cette couronne sur la tête du prince Eugène. Cependant il ne manifeste aucun mécontentement, et ne s'oppose point au choix qu'on a fait de Bernadotte. Au mois de décembre, le Valais est aussi réuni à l'Empire, de même que toutes les villes Ansèatiques.

Napoléon a 85 millions de sujets, 16 millions d'hommes soumis à sa domination indirecte : cent un millions d'Européens obéissent à ses lois, et Paris est la capitale de ce vaste empire ! Des négociations sont entamées avec Lord Landerdale ; mais, elles sont bientôt rompues.

Un Sénatus-consulte du 13 décembre ordonne une levée de 160,000 hommes pour compléter les forces armées de terre et de mer : l'Espagne est vaincue mais non soumise, et, malgré les nombreux succès de nos braves, la conquête de la Péninsule devient tous les jours plus difficile et plus incertaine.

Après 13 jours de tranchée ouverte, Tortose se rend, le 2 janvier 1811, au maréchal Suchet. Oporto et Olivenza sont au pouvoir de Masséna, les 20 et 22 du même mois. Le 5 mars, l'armée anglo-espagnole est rejetée dans l'ile de

Léon par le maréchal Victor qui bloque Cadix. Mortier, après 50 jours de siége, s'empare de Badajos le 10; mais, il y est bientôt enveloppé par Wellington qui a forcé Massena de quitter le Portugal. L'armée de Marmont et celle de Soult, qui viennent d'opérer leur jonction, contraignent le général anglais à rentrer en Portugal. Tarragone, défendue par 10,000 Espagnols, se rend au général Suchet après un siége de trois mois : il y reçoit le bâton de marechal d'empire.

Le 29 octobre, le nouveau maréchal remporte sur les généraux Blacke et O'Donnel une victoire à Murviedo, qui lui livre la place de Sagonte. Le 26 décembre, il prend le camp retranché de Quatre, et, 15 jours après, il fait capituler Valence, défendue par une garnison de 10,000 hommes et 400 pièces de canon.

Telle était la situation des choses en Espagne. Cependant, Napoléon, pour fermer entièrement la mer Baltique à l'Angleterre, s'était emparé, le 18 février 1811, du duché d'Oldemberg, qui appartenait au beau-frère de l'empereur Alexandre : il ne pensait pas que cette violation pût décider Alexandre à ne plus se conformer aux traités de Tilsit et d'Erfurt. Mais l'Angleterre était là pour exagérer l'importance de ce grief.

La naissance d'un prince impérial fit oublier un moment à la France ses guerres et ses conquêtes. Des fêtes publiques célébrèrent cet événement que Napoléon s'empressa de faire connaître à toute l'Europe. L'héritier du trône de France fut décoré du titre de Roi de Rome, sous le nom de Napoléon II.

Cependant l'empereur ne pouvait obtenir du Pape l'institution canonique des évèques de France. Napoléon, voulant mettre fin à ces dissentions religieuses, et pour trancher ce nœud gordien, convoqua à Paris un concile composé de cent prélats français, allemands et italiens. Le premier acte de ce Concile fut de décréter sa compétence, et de rappeler au souverain la promesse qu'il avait faite d'ordonner l'institution demandée. Cette promesse avait été insérée dans le concordat signé par le Saint-Siège et le premier Consul.

Le Pape, vaincu par tant de raisons et peut-être par l'espoir de recouvrer sa liberté, donna le 20 septembre, un bref daté de Savone, qui confirma le décret du Concile.

Les affaires de l'Eglise étant terminées, Napoléon s'occupa des préparatifs d'une nouvelle guerre, laquelle doit décider du sort de l'Europe.

Le 21 décembre, une levée de 120,000

hommes est ordonnée, et le 21 janvier 1812, le général Friant reçoit l'ordre d'occuper Stralsund et la Poméranie.

La Prusse, voyant qu'une rupture est inévitable entre la Russie et la France, s'engage à protéger les opérations de Napoléon contre Alexandre, en lui fournissant une armée de cinquante mille hommes et soixante bouches à feu. Napoléon, de son côté, reconnaît ce service, et réduit à soixante-deux millions les contributions arriérées de la Prusse.

Napoléon et Alexandre vont se disputer l'Europe. Le premier a pour allié toute l'Allemagne, toute l'Italie, la Pologne et la Hollande. Le second a Bernadotte, qui oublie, en Suède, sa première patrie, la haine que les Anglais portent à la France, et l'insurrection de l'Espagne contre l'armée d'occupation.

Napoléon a quitté Paris le 9 mai,

et Alexandre est parti de Petersbourg le 24 avril. Napoléon, arrive à Dresde, le 26 mai; là, en présence des souverains de l'Allemagne, les conférences d'Erfurt sont abjurées. L'empereur et l'impératrice d'Autriche, qui s'y sont rendus de leur plein gré, approuvent et sanctionnent authentiquement la guerre que va faire leur gendre contre la Russie.

Le roi de Prusse et les souverains de la confédération du Rhin donnent aussi leur approbation aux projets de la France.

Dans ce moment, la Russie signe un traité de paix avec la Porte-Ottomane à Bucharest, à l'insu de Napoléon. 500,000 hommes, 1,200 pièces de canon sont déjà réunis dans la Prusse orientale. L'empereur des Français est à Thorn le 2 juin, et le 24, il revoit le Niémen, l'un des premiers théâtres de sa gloire ; le 28 il fait son entrée dans Wilna : la Lithuanie se réunit à la Pologne.

L'armée française se composait de dix corps d'infanterie que commandaient les maréchaux Davoust, Oudinot, Ney, Victor, Magdonald, le prince Eugène, le prince Poniatowski et les généraux Saint-Cyr, Régnier et Junot. La vieille garde était sous les ordres du maréchal Lefèvre, et la jeune sous ceux du maréchal Mortier. Le maréchal Bessières était à la tête de la cavalerie de la garde. La réserve de la cavalerie formait quatre corps, sous les ordres du roi de Naples. A la tête de ces corps étaient les généraux Nansouty, Montbrun, Grouchy et Latour-Maubourg.

Le prince de Schwartzemberg commandait lecorps autrichien ; et le général d'York, le corps prussien. L'armée française formait 437,900 hommes, y compris ses renforts.

L'armée russe se divisait en première et seconde armée d'Occident. Barclay-de-Tolly commandait la première, et Bagration la seconde : celle de réserve était sous les ordres du général Tormasow, et le corps d'observation sous ceux du général Hertel. L'amiral Tchitschagoff commandait l'armée de Moldavie.

Les forces de la Russie s'élevaient à 926,370 hommes, y compris ses milices et ses garnisons, et 5,592 pièces d'artillerie.

Le 18 juillet, l'Angleterre signe un traité avec la Suède, et le 1er août, un traité de paix et d'union avec le cabinet de Pétersbourg. Ce même cabinet en avait fait signer un, le 20 juillet, avec la régence de Cadix.

Deux jours après, le maréchal Marmont avait été battu aux Aropiles par le duc de Wellington : cette victoire venait de détrôner Joseph, et d'ouvrir les portes de Madrid au vainqueur.

Tel fut le prélude de la fatale campagne de Russie.

Cependant Napoléon, marche sur la Russie dont la conquête doit consommer la ruine et l'abaissement de l'Angleterre.

Le 23 juillet, le maréchal Davoust défait Bagration à Mohilow; le 28, Wytepsk est au pouvoir des Français; la place de Dunabourg est cédée, le 1er août, au maréchal Macdonald; Wittgenstein, battu le même jour par Oudinot, perd, sur la Drissa, 7,000 hommes et une partie de son artillerie; le 17, les Français s'emparent de Smolensk que les Russes ont incendié en l'évacuant. Le général Gudin fut tué dans le combat de Valentina qui se donna après la prise de Smolensk. L'armée le regretta vivement. Le 18 août, Saint-Cyr gagne la bataille de Polotsk contre le général Wittgenstein : il reçoit le bâton de maréchal d'empire. Le 19, le maréchal Ney bat l'arrière-garde de l'armée russe à Walutina-Gora. Enfin, le 17 septembre, a lieu la bataille de la Moskowa où les Russes perdent 30,000 hommes, y compris 40 de leurs généraux. La perte des Français fut de 20,000 et de huit généraux, parmi lesquels se trouvaient Caulaincourt et Montbrun.

Les Russes, par un raffinement de perfidie, firent chanter le *Te Deum* de la victoire dans toutes les églises de la Russie. Leur empereur donne le grade de feld-maréchal à Kutusow.

Moreau venait de quitter les Etats-Unis, et de se rendre aux sollicitations de l'empereur Alexandre. On l'avait déjà vu dans les rangs ennemis; et, sous prétexte d'abattre le tyran qui pesait sur la France, il avait abjuré sa patrie. Après la journée de la Moskowa, les Russes battirent en retraite, mais en conservant le plus grand ordre. On assure que ce fut d'après les conseils de Moreau que l'empereur Alexandre se résolut à incendier Moscou. Ce Français apostat l'engageait à ce grand sacrifice, disant que l'empereur des Français ne manquerait pas de s'emparer des débris fumans de l'ancien séjour des Czars; et que la saison rigoureuse l'y surprenant avec son armée, dénuée de provisions, sa perte était inévitable. Il arriva ainsi que Moreau l'avait prévu.

Napoléon, au lieu d'aller attendre en Pologne le retour du printemps, et d'employer les loisirs que lui aurait donnés l'hiver, à reconstituer ce royaume, et à ne pas l'amuser par des promesses vaines, s'enfonça dans les déserts de la Moskovie, et alla asseoir son camp sur les cendres de Moskou, au moment où déjà la neige et les frimats glaçaient, avec les sources de la vie, le courage de nos soldats. Que n'est-il arrivé à temps pour voir les flammes dévorer cette antique cité! Peut-être que le spectacle de 50 ou 60 mille personnes allumant, de leurs propres mains, les feux qui doivent consumer des habitations qu'ils ne peuvent plus défendre eût rendu à des sentimens d'humanité ce cœur que la soif des conquêtes avait rendu impitoyable; peut-être que l'aspect de vieillards infirmes, errans, sans abri, au milieu des glaces, l'eût fait renoncer à une guerre dont les résultats ont coûté tant de larmes et tant de sang à la patrie. Mais reprenons le fil des événemens, et achevons un récit que nous voudrions pouvoir effacer des pages de notre histoire. Dès le 4 septembre, Moskou avait disparu; ses édifices nombreux, ses magasins immenses, et tout ce qu'elle renfermait de précieux étaient devenu la proie de cet horrible incendie. L'armée française s'empara de tout ce qu'il n'avait pas entièrement consumé : « Et ce fut un spectacle nouveau, dit un historien, en parlant de la conduite des Français dans » cette circonstance, que celui d'une » armée victorieuse campée autour » d'une ville en flammes, et soulagée » par des secours conquis encore par » elle sur l'incendie qui anéantissait le » fruit de ses triomphes. »

Les soldats eurent bientôt usé les ressources qu'ils avaient arrachées aux flammes; l'abus qu'ils en firent ne tarda pas à amener une disette extrême qui, jointe à la rigueur de la saison, causa la mort d'un grand nombre de soldats. A son arrivée au Kremlin, le premier soin de Napoléon est de se déclarer le protecteur de tous les hopitaux de Moskou. Les médecins de l'armée française reçoivent l'ordre de prodiguer les secours de leur art à 15,000 blessés russes : surtout on eut le plus grand soin des orphelins.

Cependant un courrier envoyé à Pétersbourg pour porter des propositions de paix, revient sans réponse. Deux armées russes, celle de réserve et celle de Moldavie allaient entrer dans les opérations du généralissime Kutusow. Elles étaient fortes de soixante mille hommes, et avaient opéré leur jonction derrière le Styr, du 15 au 18 septembre. Le prince de Schwartzemberg ne leur opposait que quarante-deux mille hommes. Après leur jonction, ce général se retira sur le Bug, et y demeura dans une inaction qui surprit beaucoup. Les propositions de paix furent rejetées.

Napoléon dut opérer sa retraite, n'ayant autour de lui que des ruines. On était au milieu d'octobre. Le roi de Naples venait de laisser surprendre toute son artillerie et ses équipages dans l'affaire de Worowo en avant de Moskou; cette circonstance accéléra le départ de vingt-quatre heures. Ne voulant pas donner à ce mouvement la couleur d'une retraite, l'Empereur fit marcher sur Kutusow. Le 22, il part pour Paris. Le 23, le Kremlin saute par ses ordres.

Pendant que le froid triomphait de nos braves, trois généraux, Malet, Laborie et Guidal entreprennent de délivrer la France de son tyran, car c'est ainsi qu'on nommait Napoléon. Leur dessein était de rétablir la République, et déjà ils avaient commencé d'exécuter leur conspiration, lorsqu'on se saisit de leurs personnes. Ils furent jugés et ensuite fusillés dans la plaine de Grenelle.

Cependant, l'armée française était en marche, et chacun de ses pas retrogrades était funeste à l'ennemi.

Le 24 octobre, à trente lieues de Moskou, le prince Eugène avait gagné sur Kutusow la bataille de Malojeroslawetz, et le 3 novembre, à cinquante-six lieues de cette ancienne capitale des Czars, l'arrière-garde française battit aussi l'ennemi à Wiazma. Le 14 novembre, l'armée est de retour à Smolensk, mais les fortes gelées ont commencé le 6, et les chemins sont devenus impraticables. Il faut pourtant quitter Smolensk, car tout délai est mortel : plus de trente mille chevaux ont déjà péri, et les hommes, asphyxiés par le froid, commencent à mourir en marchant. Quinze jours après le départ de Moskou, l'armée était réduite à cent mille hommes.

Cependant l'ennemi s'est placé entre les Français et le Niémen. Le 19, Kutusow se présente à Krasnoï, à la tête de 70,000 Russes, pour couper l'arrière-garde des Français, et 25,000 braves se font jour au travers de cette formidable armée. D'un autre côté, le maréchal Ney que l'on croit perdu, de même que les 6,000 qui lui restent, vient de se mesurer avec 30,000 Russes à Miloradowitsch; il les a enfoncés; mais, arrêté par des obstacles insurmontables, il passe le Dnieper, au milieu de la nuit, sur la glace à peine formée, et rejoint l'armée française à Orcha.

Les généraux Lambert et Langeron ont voulu fermer le passage de la Bérésina à Borissow. Le maréchal Oudinot reprend un faubourg de cette ville le 23, et tous les équipages de l'amiral Tchitschagoff et du général français-russe Lambert, tombent au pouvoir du vainqueur. La position de l'armée française n'en est pas moins critique. Ce n'est qu'à Wilna qu'elle peut espérer d'être hors de danger : on n'en est plus qu'à quatre journées. Déjà cette malheureuse armée, réduite à quatre-vingt mille hommes, a mis, entre Moskou et elle, cent-quatre-vingts lieues 'de frimats. Ces quatre-vingt mille hommes sont soutenus par les corps d'Oudinot et de Victor; mais ces corps viennent d'être affaiblis tout-à-coup par la perte de la division du général Partounneaux qui s'était égarée dans les neiges, et que les Russes viennent de faire prisonnière. Sans cet événement, le passage de la Bérésina se fût opéré, sans qu'on eût à regretter la perte d'un seul homme.

On profite de l'absence de Tchitschagoſſ, que Kutusow vient d'appeler sur un autre point, et l'on jette deux ponts à Wesolowo.

Trois jours auparavant, le général Corbineau, qui avait ordre de rejoindre le corps du duc de Reggio, a traversé, à minuit, avec toute sa brigade, la rivière à la nage. Cette action inouïe a trompé Kutusow : il croyait que les Français seraient ſorcés de passer par le pont de Borissow. A quatre lieues de-là, des ponts ſurent jetés sur deux cent cinquante toises de glaçons, que chariait la Bérésina.

Les 26 et 27, le passage s'effectue. Oudinot qui commande l'avant-garde, est blessé en ſoudroyant l'armée de Moldavie. Le corps de Ney se réunit à ceux du maréchal Oudinot et du prince Poniatowski: l'armée de Tchits-chagoſſ est mise hors de combat. Le général Doumerc, à la tête des 4e et

5e régimens de cuirassiers, pénètre dans six carrés d'infanterie ennemie, et fait mille huit cents prisonniers, après avoir dispersé la cavalerie russe. Victor, qui était resté de l'autre côté de la Bérésina, pour attendre le général Partounneaux, résiste, avec douze mille hommes, aux quarante mille Russes de Wittgenstein, et lui fait éprouver des pertes considérables. Enfin les débris de la grande armée ont franchi la Bérésina : ils marchent sur Wilna. Le 2 décembre, ils arrivent à Molodetscho, et le 29e bulletin de ces glorieux débris part le 3 décembre pour informer l'Europe de leur existence. Le 5, Napoléon remet à Murat le commandement général de ce qui lui reste de troupes, et les quitte, au milieu des murmures, pour continuer sa route sur Paris.

L'armée eût préféré que le choix

de Napoléon fût tombé sur le prince Eugène.

Cette armée arrive enfin à Wilna le 10 décembre. La manière dont elle y est reçue, révolte l'humanité. « Les plus modérés de leurs bourreaux, dit le gé-
» néral Guillaume de Vaudoncourt, se
» contentèrent de les jeter dans la rue,
» où bientôt ils avaient cessé d'exister.
» Le plus grand nombre les assassine
» et les dépouille auparavant. Les Juifs
» surtout se signalèrent par cette lâ-
» che cruauté dont on trouve tant
» d'exemples dans leurs annales... Si
» on entend un de ceux qui furent à
» Wilna se louer de son hôte, on peut
» hardiment assurer que cet hôte fût
» un Polonais. »

Nous n'ajouterons rien à ce discours. Au milieu de cet affreux désordre, le roi de Naples ne prit aucune mesure pour le faire cesser; aucun soin ne prépara non plus le passage des troupes et des équipages, lorsqu'il fallut quitter cette ville ; aussi tout ce qui avait échappé aux habitans de Wilna, tomba entre les mains des cosaques.

On arrive à Kowno ; c'est la dernière ville de la Russie : il faut l'évacuer le 16, et protéger le départ de l'armée. Dans cette journée, on voit le maréchal Ney et le général Belliard, chacun armé d'un fusil, tirer sur l'ennemi avec les soldats électrisés d'un pareil exemple. Les Russes sont repoussés, et les flammes dévorent Kowno.

Voici l'état des pertes de l'armée française, que la gazette de Pétersbourg publia peu après l'évacuation de la Russie : « Officiers prisonniers, six mille ; soldats prisonniers, cent trente mille ; cadavres brûlés dans les districts de Moskou, Smolensk, Witepsk, Mokilow, Wilna, trois cent huit mille hommes; neuf cents pièces de canon, cent mille fusils, et vingt-cinq mille chariots et caissons.

Le maréchal Macdonald était en Livonie, et menaçait Riga, lorsqu'il fut informé de la retraite de l'armée française, après le désastre de Moskou. Il quitta Mittau le 19 décembre, pour reprendre le chemin de Tilsit, et il donna ordre au général York de le suivre à une journée de distance; il s'avança à la tête d'une division française et de la cavalerie prussienne du général Massembach. Il avait en outre douze pièces de canon.

Près de Tilsit le général Laskow voulut s'opposer, avec un corps russe, au passage du maréchal : le général Bachelu le mit dans une déroute complète, et lui enleva une partie de son artillerie, après avoir fait déposer les armes à deux de ses régimens. Croyant le général York à une petite journée de lui, le maréchal Macdonald passa le Niémen le 29; mais, le 30, il apprit que ce général venait de capituler à Poschernu. Cet événement mit au pouvoir des Russes la rive droite de la Vistule, et Murat se vit contraint de transporter son quartier général de Kœnisberg à Warsovie, et de Warsovie à Posen.

Dans le même temps, l'inaction de l'armée autrichienne rendait vains les mouvemens du général Régnier. Le prince de Schwartzemberg, étant rentré dans la Galicie autrichienne, Régnier et ses Saxons se virent obligés de se retirer sur le Bug. Ce fut donc au milieu de ces deux défections que les débris de l'armée française reparurent sur les terres alliées. Ces débris étaient encore imposans : ils formaient cent quarante-cinq mille hommes. Soixante-huit mille neuf cents furent répartis dans les places de Dantzick, de Thorn, de Modlin, de Zamosc, de Czentokau, de Stettin, de Custrin, de Glogau et de Spandau.

Après cette opération, il restait seulement soixante-dix mille hommes pour tenir la campagne; ils étaient disposés de la manière suivante : douze mille Français, commandés par le prince Eugène; dix mille Saxons, sous les ordres du général Régnier, et dix mille Polonais, sous ceux du prince Poniatowski; total : trente-deux mille hommes, qui, avec les vingt mille Prussiens du général York et les vingt-cinq mille Autrichiens de Schwartzemberg, auraient pu garder la ligne de la Vistule.

Cependant l'Empereur, après avoir couru de grands dangers, arriva à Paris avec le duc de Vicence, au moment où le 29e bulletin dont nous avons parlé venait d'y parvenir. Les esprits y étaient fort agités. Le lendemain, 20 décembre, une salve d'artillerie annonça son retour. C'est alors seulement qu'il apprit la conspiration de Malet. Il se fit montrer toutes les pièces du procès, et les lut avec attention. Voyant que le préfet de la Seine était pour quelque chose dans cette affaire, il fit instruire contre lui. Le préfet fut condamné; mais Napoléon qui avait seulement l'intention de l'éloigner des affaires, se contenta de le destituer.

Jamais Napoléon ne déploya autant d'activité que dans ces circonstances. Chaque jour il présidait à plusieurs comités et veillait en même temps à la fortune intérieure et extérieure de la France. Rien n'échappait à sa prévoyance. La France, par un élan vraiment national, seconda ses efforts, et deux cent cinquante mille conscrits levés par un décret du 11 janvier 1813, volèrent à la défense de leurs foyers.

La trahison du général Yorck avait mis Kœnisberg au pouvoir de l'armée russe; et le roi de Naples, sans avoir consulté Napoléon, avait remis le commandement général de l'armée française au vice-roi d'Italie, et quitté le quartier-général de Pozen pour se rendre dans ses états.

L'Empereur, par deux lettres, l'une au roi de Naples et l'autre à la reine, avait témoigné son mécontentement d'une telle conduite. Celle au roi se terminait ainsi : « Vous m'avez fait » tout le mal que vous pouviez de» puis mon départ de Wilna; mais » nous ne parlerons plus de cela. Le » titre de roi vous a tourné la tête : » *si vous désirez le conserver condui*» *sez-vous bien.* »

La trahison d'Yorck n'était point l'ouvrage du roi de Prusse dont la bonne foi ne fut point soupçonnée ; c'était celui du cabinet britannique : ce même cabinet fit pratiquer le général autrichien Wittgenstein qu'il parvint à détacher de l'armée française avant que son maître eût adhéré à la coalition qui se tramait déjà contre la France. Cependant des propositions de paix furent faites de part et d'autre, par l'intervention de la Prusse. On exigeait que Napoléon abandonnât les places fortes de l'Oder aux Prussiens, de même que Pilaw et Dantzik. Il refusa.

Le 27 janvier 1813, le roi de Prusse fit signer à Breslaw un traité offensif et défensif avec la Russie. Ce traité ne fut notifié à la cour de France que le 16 mars, et la Prusse, avait dans ce moment, cent trente mille hommes prêts à combattre.

Le cabinet de Londres, par l'entremise de celui de Pétersbourg, travaillait sourdement à faire rentrer l'empereur d'Autriche dans cette 6e coalition, pendant qu'il faisait signer en Suède un traité par lequel ce royaume s'engageait à fournir trente mille soldats à la nouvelle coalition, moyennant 24 millions et la cession de la Guadeloupe que le général Ernoux avait abandonnée aux Anglais le 6 février 1810.

Tel était l'état des choses, lorsque Napoléon fit l'ouverture du corps législatif, le 14 février 1813. Là il rendit compte des motifs et des suites de la guerre de Russie, des complots du cabinet britannique, et de ses désirs particuliers pour une paix honorable; il rappela, dans cette occasion, les démarches qu'il avait faites pour l'obtenir, depuis la rupture du traité d'Amiens. Il terminait ainsi : « Tant que » cette guerre maritime durera, nos » peuples doivent se tenir prêts à toute

» espèce de sacrifices. » On reconnut que c'était l'Angleterre qui avait conduit nos armées à Moskou, et qu'il fallait maintenant la combattre. dans la personne des armées ennemies qui se réunissaient sur l'Ebre. En effet, c'était l'Angleterre qui soulevait le nord contre le midi de l'Europe, et excitait les défections si fatales à la France.

Le prince Eugène était à Posen depuis le 17. Après y avoir réorganisé l'armée, dont le commandement général lui avait été remis, il parvint à opérer la plus belle retraite qu'on ait jamais vue. Il arriva à Berlin le 21 février, y séjourna jusqu'au 4 mars, et sut maintenir l'ennemi, renforcé de l'armée prussienne, dans les positions qu'il avait choisies en avant de Magdebourg, et en arrière de la Basse-Saale. Le 9, le quartier-général du vice-roi fut transporté à Leipsick. Dans cette journée

Davoust réunissait à ces trois mille hommes le corps du général Régnier, et arrivait à Dresde. Dessau était occupé par Montbrun et quelques escadrons de cavalerie.

Grenier était à Wittemberg avec le 11e corps. Le 2e, réduit à quatre bataillons, avait pris position à Bernbourg avec le maréchal Victor. Sébastiani occupait Brunswick avec le 2e corps de cavalerie; Latour-Maubourg était à Magdebourg avec le 1er corps; Lauriston organisait le 5e corps d'infanterie dans cette ville, pendant que Ney formait le 3e à Wurtzbourg; le duc de Raguse arrivait à Francfort sur le Mein, avec la garde et le 6e corps. Quelques bataillons du 1er se réunirent à Wesel, par les soins du général Vandamme, pendant que Bertrand traversait le Tyrol à la tête du 4e corps, pour venir prendre également position sur le territoire allemand. Enfin, dans les derniers jours de mars, le prince Eugène se trouvait à la tête de 55,000 mille hommes ; mais 80,000 Russes s'avançaient, et devaient être bientôt suivis de 75,000 mille Prussiens et de toute l'armée de Moldavie. Celle-ci arriva le 6 mars sur la Vistule, et 20,000 autres Prussiens étaient déjà en marche.

Il fallait du courage et de l'habileté pour résister à de telles masses. Le prince Eugène manœuvra si bien, qu'après avoir enlevé les têtes du pont, que l'ennemi avait jetées sur la Saale inférieure, il trouva, le 30 avril, le moyen d'établir sa communication avec les deux cent cinquante mille conscrits que commandait l'empereur.

La Saxe venait de déclarer sa neutralité : Davoust avait, en conséquence, quitté Dresde le 26 mars, et s'était retiré sur Stolberg.

Napoléon avait quitté Paris le 15 avril : le 25, il était à Erfurt. Il demeura quatre jours dans cette ville ; au bout de ce temps, il alla rejoindre son quartier-général à Eccartsberg. La paix ne pouvait être alors que le prix de la victoire. Napoléon imprima à sa jeune armée un mouvement électrique.

Ce fut au combat de Weissenfelds, le 29 avril, que cette armée vit l'ennemi pour la première fois. L'infanterie de l'avant-garde française y défit sept mille cavaliers russes, et força l'ennemi à évacuer la rive gauche de la Saale. En avant de Weissenfelds, le général Wittgenstein, à la tête de plusieurs lignes d'infanterie et de cavalerie, défendait les défilés de Poserna avec une nombreuse artillerie. Le 1er mai, la nouvelle armée française s'élance à la voix de son chef, et toutes les positions de l'ennemi sont enlevées.

L'empereur perdit, dans cette affaire, le maréchal Bessières, duc d'Istrie.

Le lendemain, Napoléon marchait sur Leipsick, précédé de Lauriston : il croyait rencontrer l'ennemi dans les vastes plaines qui avoisinent cette ville, quand il fut prévenu que l'armée alliée était en présence du Maréchal Ney à Grosgœrschen, près de Lutzen ; il rebroussa chemin, et alla au galop prendre position sur le nouveau champ de bataille qu'avait choisi l'ennemi. Après avoir changé subitement toutes les dispositions qu'il avait imaginées, il en fit avertir le prince Eugène, Marmont et Bertrand, qui étaient dans leurs positions, et annonça, pour trois heures, le gain de la bataille. La jeune armée fit de nouveaux prodiges : plusieurs fois les villages de Kaya et de Grosgœrschen furent enlevés par elle à la baïonnette, sur l'élite des armées russe et prussienne.

L'ennemi perdit, dans cette journée, plus de trente mille hommes ; et les Français, près de dix mille. Ceux-ci manquant de cavalerie, ne purent poursuivre l'ennemi qui profita des ombres de la nuit pour se replier sur Pegau.

Les succès de la bataille de Lutzen ramenèrent les Saxons sous les bannières de la France. Le maréchal Ney, après avoir bloqué Wittemberg et Torgaw, s'était renforcé de dix mille Saxons qui défendaient cette dernière place. Le 12 mai, Napoléon fit ouvrir les portes de Dresde au roi de Saxe, dont la neutralité avait été forcée. Le même jour, le prince Eugène reçut l'ordre de se rendre à Milan, et de lever des troupes dans toute l'Italie ; il y arriva le 18. Quarante-cinq mille hommes d'infanterie et deux mille de cavalerie se levèrent à la voix de leur vice-roi et entrèrent en campagne dans le mois d'août. L'Italie avait déjà fourni quatre-vingt-dix mille combattans dans l'espace de onze mois.

L'Autriche, alarmée du départ d'Eugène dont elle prévoyait les résultats, abjura son caractère d'allié, et se déclara médiatrice. Napoléon, justement irrité contre elle, avait feint d'accepter sa médiation; mais, le 18, il fit demander aux avant-postes russes, l'admission du duc de Vicence auprès de l'empereur de Russie. Celui-ci, qui se trouvait à la tête de cent quatre-vingt mille hommes, et dans les positions les plus avantageuses, ne voulut donner de réponse qu'après la bataille de Bautzen qui eut lieu le 21 mai. Les corps français, après avoir forcé tous les passages de la Sprée que l'ennemi défendit avec opiniâtreté, s'emparèrent de Bautzen et de toutes les positions qu'il occupait.

Le 21, Napoléon était sur les hauteurs en avant de Bautzen; il examine les mouvemens des armées, et vient annoncer aux Français que l'attaque générale aura lieu à une heure après-midi, et qu'à trois, la bataille de Wurschem sera gagnée. Cette prédiction s'accomplit encore. Les alliés enfoncés, culbutés de toutes parts, se retirèrent derrière l'Oder. Cette victoire empêcha la défection de la Confédération du Rhin, dont les intrigues de l'Angleterre avaient déjà ébranlé la fidélité. Le 22, Napoléon, constamment à la tête de son avant-garde, poursuivit l'ennemi sans relâche. Il l'atteignit à Reichembach; mais l'engagement qui eut lieu, dans cette circonstance, n'eut d'autre résultat que la perte du grand maréchal Duroc qui fut tué par un boulet, près de Markersdorf. Jamais perte ne fut plus sensible à l'Empereur.

La réponse d'Alexandre parvint enfin à Napoléon. L'armistice que celui-ci avait demandé après deux victoires, fut conclu à Plesswitz, le 4 juin. Napoléon, sachant que les armées de Saken, de Bernadotte et de Pologne, s'avançaient à grandes journées, demanda immédiatement qu'on s'occupât d'un traité de paix générale, ou d'une paix continentale, sans la médiation de l'Autriche. Napoléon, après bien des refus, accepta enfin la médiation, et une convention fut signée à Dresde, le 30 juin, par Metternich et le duc de Bassano. On continua la discussion des articles de cette convention, dans un congrès qui s'assembla à Prague le 29 juillet, et dont les opérations n'eurent aucun résultat. Le 6 août, quatre jours avant la dénonciation finale de l'armistice, l'empereur ordonna au duc de Vicence de s'entendre avec Metternich sur les conditions auxquelles l'Autriche pourrait maintenir une alliance entre elle et la France. L'empereur François fit répondre par des propositions avantageuses pour Napoléon ; mais Napoléon, qui n'avait malheureusement d'autre but que de continuer la guerre, se mit à discuter ces propositions, et à en transmettre de nouvelles à l'empereur d'Autriche. Le 10 août arriva, et les alliés signifièrent aux deux empereurs la rupture de l'armistice : c'est ce qu'attendait Napoléon, puisqu'il avait dit, dès le principe, « qu'il préférait la guerre » de l'Autriche à sa neutralité. » C'est ainsi que furent détruites des négociations qui pouvaient donner la paix à l'Europe. On ne demandait à Napoléon « que la dissolution du duché de Varsovie, l'émancipation de Hambourg » et de Lubek, la renonciation du pro» tectorat du Rhin, le rétablissement

» de la Prusse avec une frontière sur » l'Elbe, et la cession de l'Illyrie à l'Au- » triche. L'empire français restait in- » tact avec toutes les conquêtes de la » république. »

QUATRIÈME ÉPOQUE.

On reprit les armes. Tous les souverains alliés étaient irrités du refus de Napoléon. Bernadotte, qui venait d'en être informé, avait dit, dans une proclamation du 15 août, « que l'Europe » devait marcher contre la France avec » le même sentiment qui avait armé contre elle, la France, en 1792. »

Moreau, était parmi les alliés : ceux-ci avaient six cent trois mille six cents hommes sous les armes ; le prince de Schwartzemberg en était le généralissime. Les forces de Napoléon étaient de trois cent cinquante-deux mille sept cents hommes.

Le 13 août, l'armée autrichienne se

réunit à l'armée Prusso-Russe. Napoléon n'apprit cette jonction que le 21 de ce mois, et déjà il foudroyait Blücher, et s'emparait, le 23, de la position de Goldberg qui était d'une grande importance. Tout-à-coup il apprend que, par les conseils de Moreau, les alliés se dirigent sur Dresde : il y vole avec sa garde, après avoir confié le commandement de l'armée de Silésie au duc de Tarente. Le 26, à dix heures du matin, il arrive, avant sa garde, dans la capitale de la Saxe. Une partie des ouvrages élevés dans les faubourgs, étaient déjà au pouvoir des Prussiens et des Russes : il les fait attaquer et rejeter en arrière des positions qu'occupait, avant l'attaque, le maréchal Gouvion-St.-Cyr, à qui la défense de Dresde était confiée. Les alliés étaient au nombre de cent quatre-vingt mille hommes dans cette journée, et l'empereur remporta ces avantages avec soixante-cinq mille Français. Quatre mille ennemis restèrent sur le champ de bataille. Les 2e et 6e corps d'infanterie, et le 4e de cavalerie, formant ensemble quarante-cinq mille hommes, entrèrent le soir même dans la ville; dans ce moment, le général Vandamme, à la tête du 1er corps, faisait lever le blocus de Kœnigstein, et chassait les Russes du camp de Pirna. Le 27, à la pointe du jour, Napoléon se présente, avec cent dix mille hommes, à l'armée combinée, forte de cent-quatre-vingt mille ennemis. Le roi de Naples commande l'aîle droite de l'armée française : l'aîle gauche est sous les ordres du maréchal Ney. L'empereur ordonne l'attaque sur un point que l'ennemi a négligé de couvrir : elle s'opère d'une manière terrible, et les alliés dispersés, repoussés de toutes parts, laissent quinze mille morts sur le champ de bataille, et un même nombre de prisonniers. Alexandre et le roi de Prusse sont en fuite, et le général Moreau est tombé sous le boulet de la vieille garde. Dans ce moment, Macdonald perdait, contre Blücher, la bataille de Katzbach : cette affaire coûtait à l'armée de Silésie, dont Napoléon lui avait confié le commandement, dix mille Français tués et quinze mille prisonniers. Les pertes de l'armée prussienne étaient à peu près égales.

Le prince de Schwartzemberg, battu par Napoléon, se retirait dans la Bohême, pendant que Bernadotte, avec ses Suédois, gagnait, sur le duc de Raguse, les combats de Grossbeherren et d'Ahrensdorf, à quelque distance de Berlin. Le 30, Vandamme, après avoir battu les Russes à Pirna, avait eu l'imprudence de les poursuivre jusqu'à

Culm, sans assurer ce mouvement par un des dix bataillons qu'il commandait; et soixante-dix mille hommes de l'armée combinée, en retraite sur ce point, l'avaient tout-à-coup enveloppé. Se croyant soutenu par le 14e corps, il avait voulu combattre avec ses quinze mille hommes : il en perdit environ dix mille, dont sept cents prisonniers.

Peu de jours après, Napoléon apprit que le prince de la Moskowa avait été culbuté, le 6, à Interbogt, par les masses du prince royal de Suède, de l'ex-général républicain Bernadotte. Cette bataille, où le *brave des braves* avait lutté avec opiniâtreté contre des forces bien supérieures, avait coûté à la France quinze mille hommes, cinquante pièces de canon, et presque tous les équipages de ce corps d'armée. Après de tels revers, Napoléon devait sentir le besoin de la paix. Les conférences de Prague avaient été reprises par l'influence de l'Autriche qui, bien qu'elle se fût engagée dans la coalition, n'en tenait pas moins aux intérêts de Napoléon, dont elle eût voulu seulement refréner l'ambition. Les alliés, malgré tous les avantages qu'ils venaient d'obtenir sur ses armées, lui proposèrent encore la paix, à peu près aux mêmes conditions qu'il avait refusées après les affaires de Bautzen et de Lutzen : Napoléon crut encore ne pas les devoir accepter. L'Autriche, outrée de cette obstination, signe, le 3 octobre, le traité de Tœplitz, où elle s'engage, avec l'Angleterre, à se réunir contre *l'ennemi commun* : telle fut la qualification que l'Angleterre donna à Napoléon, qu'elle n'avait jamais voulu reconnaître pour empereur. La guerre à outrance est déclarée par l'Europe à la

France. Les hostilités recommencent le 28 septembre. Trois armées des alliés ont fait un mouvement dans la direction de Leipsick. Napoléon attaque, le 9 octobre, l'armée de Silésie que commande Blücher : il lui fait éprouver de grandes pertes, et la rejette sur la Saale. Cependant il ne pouvait se maintenir en Allemagne que par l'appui de la Bavière, et il apprend qu'elle vient d'entrer dans la coalition, par un traité du 8 octobre. Pendant qu'au nord, l'Europe coalisée jure la chute de Napoléon, l'armée française était humiliée dans la péninsule. Résolus de tout sacrifier pour la conservation de leur indépendance, les Espagnols, réunis aux Portugais, avaient déjà chassé de Madrid le roi que Napoléon leur avait imposé. Ainsi l'astre de la France commençait à pâlir de tous côtés.

Napoléon, environné d'alliés lassés

de combattre, ne marchait plus que de précipice en précipice : chaque jour le rendait témoin de quelque nouvelle défection. Celle du roi de Wurtemberg vit de près celle des Bavarois, qui s'étaient réunis avec les Autrichiens à Braunau, le 15 octobre. Ainsi l'armée alliée grossissait tous les jours, et la trahison faisait de si abondantes moissons dans les rangs des troupes françaises, que Napoléon n'eut bientôt plus que cent cinquante mille soldats et six cents pièces d'artillerie à opposer à trois cent-quarante-huit mille cinq cents hommes, soutenus par neuf cent cinquante bouches à feu.

Ces masses imposantes n'épouvantent pas l'empereur des Français; c'étaient des ennemis qu'il avait l'habitude de vaincre, et son génie et sa fortune ne l'avaient point encore abandonné. Les champs de Lutzen et de Weissenfelds sont témoins, pour la troisième fois, de ce que peut une armée française sous les ordres d'un chef habile et entreprenant. Les ennemis sont vaincus à Wachau ; le comte Meerfeld, l'un des généraux autrichiens les plus expérimentés, tombe au pouvoir de Napoléon, qui le renvoie aux puissances coalisées, en le chargeant de renouer les négociations pour la paix. Il était alors décidé à accepter les propositions qui lui avaient été faites lors de l'armistice ; mais il n'était plus temps. Les coalisés s'assurant sur le nombre considérable de leurs troupes, prévoyaient un triomphe certain. D'ailleurs l'Angleterre était-là pour les raffermir dans la résolution de ne poser les armes, qu'après la chute de Napoléon. Il fallut donc continuer une guerre dont toutes les chances paraissaient si contraires à nos armes.

Ce qui augmentait l'embarras de Napoléon, c'était la dispersion de son armée, répandue dans l'Allemagne ou dans les places fortes de la Vistule ou de l'Oder, au nombre de deux cent mille hommes. D'un autre côté, le corps, sous les ordres du maréchal Gouvion, se consumait dans l'inaction. L'ennemi le tenait renfermé dans les murs de Dresde.

Napoléon, à la tête de cent trente mille combattans, attend, devant Leipsick, les masses ennemies qui marchent sur lui par six colonnes de cinquante à soixante mille hommes chacune. Le 18 juin, la grande bataille se livre. Quatre-vingt-quinze mille Français combattent victorieusement, pendant sept heures, cent soixante-dix mille ennemis, et les repoussent. Marmont, qui commande l'extrême gauche, s'engage faiblement avec le prince royal de Suède; ce prince se porte sur le centre qui est sous les ordres du maréchal Ney : quarante mille français luttent courageusement contre les cent cinquante mille hommes que commande Bernadotte ; ils résistent à cette formidable armée de la manière la plus héroïque ; mais tout-à-coup les Saxons et les Wurtembergeois sortent des rangs français, volent dans ceux de Bernadotte, et tournent contre leurs frères d'armes soixante pièces de canon. Napoléon accourt, en personne, au secours de l'aile gauche, et, à la tête d'une division de sa garde, il repousse à-la-fois les Suédois et les traîtres Saxons. Le canon vomit la destruction des deux côtés jusqu'à la nuit : le centre et la droite de l'armée française sont victorieux ; mais sa gauche succombe par la trahison des Saxons et des Wurtembergeois.

Napoléon eût pu profiter des avantages de cette journée ; mais le manque de munitions le force à la retraite ; il se dirige sur Erfurt.

Avant le lever de l'aurore, les ponts étaient passés, l'arrière-garde, forte de dix mille hommes, combattait encore dans les faubourgs, afin de faciliter le passage de l'artillerie et des parcs de réserve sur le grand pont. Le sergent qui avait reçu l'ordre de le faire sauter, vit tout-à-coup quelques cosaques qui avaient traversé l'Elster à gué : il croit que le pont est au pouvoir de l'ennemi ; il exécute son ordre, et coupe ainsi la retraite à l'arrière-garde qui demeure prisonnière avec deux cents pièces de canon et tous les bagages.

Le prince Poniatowski, blessé dans les faubourgs, veut rejoindre l'armée française : il s'élance dans l'Elster avec son cheval ; et il y trouve la mort.

Le roi de Saxe n'avait point ordonné

la trahison de son armée : Napoléon qui le savait, le consola, en passant à Leipsick.

Le 16 et le 19, nouveaux combats : ils sont également funestes aux Français et aux coalisés. Les premiers y perdent vingt mille hommes, trente mille prisonniers, dont vingt-trois mille malades ou blessés restés aux hôpitaux de Leipsick, et trois cent cinquante pièces de canon ; les coalisés ont quarante-sept mille hommes tués, et plus de quatre-vingt-quatorze mille mis hors de combat.

Le 23, l'armée française arrive à Erfurt : elle n'est plus que de quatre-vingt-dix mille combattans. Après s'être approvisionnée, elle continue sa retraite; mais soixante mille Saxons ou russes, commandés par le général de Wrède, s'étaient portés à Hanau pour la harceler dans sa marche. A la vue de ces traîtres, les Français redoublent de furie : douze mille hommes de cette colonne restent sur le champ de bataille ; Wrède lui-même est dangesement blessé. Le général Bertrand eut la plus grande part à cette importante victoire qui assura la retraite de l'armée française sur Mayence. Le 2 novembre, elle avait repassé le Rhin.

Les plénipotentiaires des Puissances coalisées se réunissent à Francfort, et semblent poser les bases d'un traité, tandis qu'ils ne font que combiner l'invasion de la France. Cependant l'idée de ce grand projet jetait l'effroi dans le cœur des alliés : ils se rappelaient 1792. Pendant qu'ils publient, à Francfort, une proclamation dont le but était de désunir les Français en isolant la nation de son chef et en mettant à part leurs intérêts respectifs, la neutralité de la Suisse est violée.

La position des armées françaises devenait, chaque jour, plus difficile. Wellington triomphait en Espagne. Saint-Cyr, avec les trente milie hommes qu'il commandait à Dresde, venait d'être victime de la mauvaise foi du prince de Schwartzemberg, qui avait refusé de ratifier les conventions passées entre ses lieutenans et le maréchal de France. Ce corps d'armée était prisonnier. On s'était conduit de la même façon envers les autres garnisons.

Cependant Napoléon, arrivé à St.-Cloud le 7 novembre, ne perdit pas un instant pour défendre la patrie. Un sénatus-consulte du 15 avril, mit trois cent mille hommes à sa disposition. Le 2 décembre, il faisait déclarer, par le duc de Vicence, aux plénipotentiaires des armées étrangères, qu'il acceptait les propositions de Francfort. Par le traité projeté, la France avait pour limites le Rhin, les Alpes et les Pyrénées; l'Espagne était rendue à son ancienne dynastie ; l'Italie, l'Allemagne, la Hollande, étaient rétablies comme états indépendans.

Le comte de Metternich, dont les intentions étaient pacifiques, signait le traité, et rendait Ferdinand à l'Espagne. Mais l'astucieux Fouché, duc d'Otrante, et quelques hommes du même caractère trahisaient déjà la France.

Un décret, en date du 17, mobilisa cent soixante mille hommes de gardes nationales. Tout était en mouvement dans l'intérieur. La guerre avait affaissé la France, et chaque citoyen demandait la paix. C'est au milieu de pareilles agitations que l'Empereur fit, le 19, l'ouverture du Corps législatif, et qu'il prononça un discours qui produisit la plus vive sensation. Le Sénat et le Corps législatif consentaient à tous les sacrifices qu'il pouvait exiger, mais dans le seul but de la paix. « C'est le vœu » de la France, disait à l'Empereur, » une députation du Sénat, c'est le » besoin de l'humanité. Si l'ennemi » persiste dans ses refus, eh bien! » nous combattrons pour la patrie, » entre les tombeaux de nos pères et » les berceaux de nos enfans ».

— « Ma vie n'a qu'un but, répondit » Napoléon, le bonheur des Français : » cependant le Béarn, l'Alsace, la » Franche-Comté, le Brabant, sont en- » tamés. Les cris de cette partie de ma » famille me déchirent l'âme : j'ap- » pelle les Français au secours des » Français ; j'appelle les Français de » Paris, de la Bretagne, de la Nor- » mandie, de la Champagne, de la » Bourgogne, et d'autres départemens, » au secours de leurs frères. Les aban- » donnerons-nous dans leur malheur?

» *Paix et délivrance de notre terri-
» toire*, doit être notre cri de rallie-
» ment. A l'aspect de tout ce peuple
» en armes, l'étranger fuira, ou signera
» la paix sur les bases qu'il a propo-
» sées; il n'est plus question de recou-
» vrer les conquêtes que nous avions
» faites. »

Cependant une partie du Corps législatif se montrait en opposition au système de l'empereur. Deux factions s'étaient formées : l'une tenait aux principes de 1789; l'autre, dirigée par Fouché, se composait d'hommes qui voulaient sacrifier Napoléon à la conservation de leurs emplois et de leurs dignités.

Un troisième parti ne tarda pas à s'élever : celui des royalistes, d'abord peu redoutable à cause du petit nombre, mais habile et actif. Il conçut l'idée de s'adjoindre les armées étrangères, et ne négligea rien pour y parvenir et faire triompher sa cause.

Napoléon, lassé des trahisons de tout genre, n'eut plus recours qu'à son armée, dont la fidélité était à toute épreuve.

Cependant la neutralité de la Suisse a été violée, le 20 décembre, par cent soixante mille hommes, sous les ordres du prince de Schwartzemberg : c'est le comte Bubna qui conduit cette armée ; elle passe le Rhin entre Heinfeld et Bâle. Son centre marche sur Huningue et Béford, sa gauche sur Colmar, sa droite sur Genève. A Colmar, elle est repoussée ; à Genève, les portes lui sont ouvertes. L'armée de Silésie s'avance également : elle est commandée par le feld-maréchal Blücher, et doit se précipiter sur la Lorraine par Manheim. Une troisième armée arrive par la Belgique ; c'est celle du prince royal de Suede, du général Bernadotte que la

France a vu naître; elle est composée de Suédois, d'Anglais, de Russes et de Prussiens.

Une décision soudaine des souverains alliés interdit l'entrée de la France à Bernadotte. On dit aussi que, frappé de douleur et de respect à la vue de sa patrie, ce prince ne put se décider à déchirer, de ses propres mains, les entrailles de sa mère.

Au mois de janvier 1814, le fort Louis, Mont-Belliard, Hagueneau, le fort l'Écluse, St.-Claude, Trèves, Vesoul, Epinal, Forbach, Bourg-en-Bresse, Cologne, Nancy, le fort de Joux, Langres, Dijon, Toul, Chambéry, Châlons-sur-Saône, Bar-sur-Aube, sont au pouvoir des armées coalisées. Murat, roi de Naples, a signé, le 6 janvier, un armistice avec l'Angleterre, et, le 11, un traité d'alliance offensif et défensif avec l'Autriche. Trente mille Napolitains vont marcher contre la France, pendant qu'elle perd les frontières du nord et de l'est ! Eugène, qui commande en Italie, se trouve entre les troupes de l'empereur d'Autriche et celles de son beau-frère. Si Murat, au lieu de se joindre aux ennemis de la France, avait agi de concert avec le prince Eugène, Vienne, avant peu de jours, était réduite à leur ouvrir ses portes.

Toutes les négociations sont rompues. Napoléon quitte Paris le 25 janvier, après avoir conféré solennellement la régence à l'impératrice Marie-Louise, et le commandement de Paris à son frère Joseph. Le 26, son quartier impérial est à Châlons-sur-Marne. Il a sous ses ordres, les généraux Ney, Mortier, Macdonald, Oudinot, Victor et Marmont : Soult et Suchet sont sur les frontières d'Espagne ; le général Maison est sur celles du nord. Augereau occupe Lyon ; Davoust est renfermé à Hambourg avec son corps d'armée. L'empereur a, près de lui, le général Bertrand, et, pour aides-de-camp, les généraux Flahaut, Corbineau, Drouot et Dejean. Drouot remplit les fonctions de major-général de la garde impériale.

Le 27, Blücher a dépassé St.-Dizier. Napoléon le repousse, entre dans cette ville et lui coupe la route de Troyes, pour empêcher sa jonction avec Schwartzemberg. Il se porte sur cette ville ; et, afin de cacher son mouvement, il traverse la forêt qui mène à Moutier-en-Der. Là il est informé que Blücher est retenu à Brienne par la rupture du pont de Lesmont. Napoléon y vole, et attaque avec impétuosité le château défendu par les Prussiens et le bourg qu'occupent les Russes. La bataille fut sanglante : elle dura douze heures. Blücher faillit y être pris ; il ne dut son salut qu'à l'agilité de son cheval. La nuit ne sépara point les combattans. À dix heures du soir, Napoléon se retirait à son quatier-général de Mézières, lorsqu'un corps de cosaques se jeta au milieu de sa colonne; une lance était levée sur lui : Gourgaud, officier d'ordonnance, brise la tête au cosaque d'un coup de pistolet. Sans cette action, c'en était fait de l'empereur.

Il avait eu affaire à des forces bien supérieures. L'ennemi s'était replié sur Bar-sur-Aube : l'empereur était allé occuper le château de Brienne dans la matinée du 30. Là, il apprend que Blücher a opéré sa jonction avec Schwartzemberg dans les plaines de l'Aube : Napoléon n'a que cinquante mille hommes de la nouvelle levée, et l'ennemi lui oppose cent mille vieux soldats. L'empereur est au centre de son armée, et résiste, avec opiniâtreté, aux efforts de l'ennemi qui se dirige sur ce point. Mais, obligé de céder aux masses qui lui sont opposées, il se retire sur Troyes, après avoir perdu six mille hommes, dont trois mille prisonniers et cinquante-quatre pièces de canon. Cette défaite affecta beaucoup le moral de l'armée française. Elle poursuit sa retraite sur la rive gauche de l'Aube, après avoir abattu de nouveau le pont de Lesmont, que Napoléon avait fait rétablir pendant le combat. Cependant Marmont, qui doit protéger la retraite, est resté sur la rive droite; et, pour rejoindre Napoléon, il est obligé de passer la Voire à Rosnay. Le général Wrède le surprend, l'attaque, dans cette position, avec vingt-cinq mille Bavarois: Marmont, à la tête de sa poignée de braves, traverse cette armée l'épée à la main.

Cependant le général Maison, ne

pouvant plus résister, en Belgique, aux efforts de Bernadotte, s'est jeté, le 1er février, sur la frontière de Flandres, qu'il dispute pied à pied. Par la défection de Murat, le prince Eugène avait été réduit, le 4, à se replier de l'Adige sur le Mincio. Le 8 février, il battit, avec trente mille conscrits, les cinquante mille vieux soldats que commandait Bellegarde. Cette action, qui eut lieu à Valeggio et Pazzolo, coûta neuf mille hommes à l'armée de Bellegarde. Napoléon avait été prévenu de la défection de Murat par une lettre du vice-roi, datée du 29 janvier.

Cependant le congrès, que Napoléon avait proposé de réunir à Manheim, s'ouvrait, le 4 février, à Châtillon-sur-Seine. L'empereur, après les revers qu'il venait d'éprouver, avait donné *carte blanche* au duc de Vicence, « afin, disait-il, de sauver la capitale

» et d'éviter une bataille où étaient les » dernières espérances de la nation. » La Russie fit interrompre les négociations qu'on avait reprises dix jours après, par l'influence de Metternich. Dans l'intervalle, Napoléon fut victorieux, et il ne fut plus question de négociations. Les souverains alliés, de retour à Brienne, décidèrent qu'il fallait marcher sur Paris, par les deux rives de la Seine et les deux routes de Châlons-sur-Marne, où le général York se trouvait le 5. L'empereur, après avoir vu déserter six mille conscrits de l'armée qu'il commandait, était parti de Troyes, deux jours après son arrivée dans cette ville. Elle fut immédiatement occupée par Schwartzemberg. Blücher s'était séparé de lui, pour agir isolément sur la Marne; et, c'était pour l'exterminer que Napoléon avait quitté Troyes le 6. Napoléon apprit, à Nogent, l'investissement d'Anvers, l'évacuation de la Belgique, la marche de Blücher sur Châlons, et l'abandon de Liège par le maréchal Macdonald. Ce fut-là aussi que l'*ultimatum* des alliés, envoyé de Châtillon, parvint à ce monarque. « Lisez, dit-il au duc de Bassano et au prince de Neufchâtel, leur présentant cette pièce qui portait que les bases, acceptées à Francfort, étaient refusées, et que la France devait rentrer dans ses anciennes limites. « Lisez » ce qu'écrit Caulaincourt. — Il faut » signer, répondirent ceux-ci. — Si» gner un pareil traité! s'écria l'em» pereur. Violer mon serment! Pour » prix de tant de sang, de tant » d'efforts, de tant de victoires, » laisser la France plus petite que je » ne l'ai reçue? Jamais! Il y aurait » trahison, lâcheté... Vous craignez la » guerre, moi je vois d'autres dan-

» gers : si nous abandonnons le Rhin, » ce n'est pas la France qui recule, » c'est l'Autriche, c'est la Prusse qui » s'avancent... La France a besoin de » la paix ; mais celle-ci est pire que » la guerre la plus acharnée. Que se- » rai-je pour les Français, quand j'au- « rai signé leur humiliation ? Que ré- « pondrai-je aux républicains du sé- » nat, qui me redemanderont leurs » barrières du Rhin ?... »

Cependant il ordonna que cet *ultimatum* fût envoyé à Paris, pour qu'on en délibérât en conseil privé, ne voulant pas prendre sur lui une aussi importante responsabilité. Le lendemain, de grand matin, il suivait, sur la carte, les mouvemens de Blücher, qui avait déjà pénétré dans la Brie-Champenoise. Le duc de Bassano se présente, avec des dépêches, pour le congrès de Châtillon. « Il s'agit d'autres choses, lui

» dit l'empereur. Je suis, dans ce mo-
» ment, à battre Blücher de l'œil. Il
» marche par Montmirail; je pars : je
» le battrai demain ; je le battrai après
» demain. Si je réussis, l'état des af-
» faires va changer, et nous verrons ! »
Paroles remarquables et dignes du grand guerrier, que ses ennemis ont accusé d'avoir perdu la tête dans cette conjoncture difficile.

Dans ce moment, le duc de Vicence protestait, à Châtillon, contre la déloyauté de l'empereur de Russie, qui venait de faire suspendre les conférences.

Napoléon ordonne au général Bourmont de défendre, à Nogent, le passage de la Seine, et au maréchal Oudinot de garder le pont de Bray; ensuite il se dirige sur Sézanne par la traverse ; il y arrive avec son armée après douze heures de marche. On vient de lui apprendre que Magdonald se retire sur Meaux, et que Blücher poursuit sa route, sans crainte d'être inquiété. L'empereur n'est plus qu'à quatre lieues du feld-maréchal. Le maréchal Marmont avait rétrogradé avec l'avant-garde, à cause des mauvais chemins: par ordre de l'empereur, il se remet en marche. Le lendemain, 10 février, Napoléon débouche tout-à-coup à Champ-Aubert, sur la route de Châlons, tombe sur les colonnes russes, et foudroie l'armée de Blücher. Victorieux, il s'arrête à Champ-Aubert, pendant que le général Nansouty et le maréchal Marmont poursuivent les débris de l'ennemi dans la direction de Montmirail et de Châlons.

Le 11, il est averti que les généraux Yorck et Saken marchent entre Champ-Aubert et Paris: il vole sur eux. Cependant, ayant appris la défaite de Blücher, ils veulent rétrograder ; mais ils trouvent devant eux l'avant-garde de l'armée française tout près de Montmirail. Pendant que le combat s'engage, le maréchal Mortier survient avec la vieille-garde, Napoléon ordonne alors une attaque générale : les Russes et les Prussiens sont culbutés et mis dans une déroute complète. Ils fuient vers Château-Thierry, dans l'espoir de rejoindre Blücher sur la Marne ; mais, poursuivis par les Français, ils entrent le 12, dans cette ville, pêle-mêle avec la cavalerie de leurs ennemis. Ils veulent couper le pont : le maréchal Mortier les chasse sur la route de Soissons.

Cependant le maréchal Marmont est poursuivi, jusqu'auprès de Montmirail, par Blücher qui vient de recevoir pour renforts deux corps russes et prussiens. Là, Marmont fait volte-face, et prend position dans la plaine de Vauchamps.

Napoléon, accouru de Château-Thierry, est derrière le maréchal, avec son armée en bataille. Blücher, voyant le danger qui le menace, voudrait éviter d'en venir aux mains ; mais il faut qu'il se batte. La cavalerie française se jette sur les carrés qu'elle enfonce et disperse. Le désordre devient si grand, que Blücher ne peut échapper à la mort qu'à la faveur de l'obscurité.

Cependant Schwarzemberg a forcé les passages de Nogent avec ses cent cinquante mille hommes. Le 15, Napoléon fait prévenir les maréchaux Victor et Oudinot qu'il débouchera le 16, sur eux, par Guignes. Shewartzemberg marche avec confiance sur Nangis, dans l'espoir de devancer Blücher à Paris. Napoléon fond sur lui le 17, et le met dans une effroyable déroute. Schwartzemberg demande une suspension d'hostilités.

Napoléon profite de cette démarche pour obtenir la paix à de meilleures conditions que celles qui lui avaient été imposées par l'ultimatum du Congrès : il avait droit d'y prétendre. Dans ces différentes affaires, l'Empereur avait détruit plusieurs armées, fait près de quarante mille prisonniers, parmi lesquels se trouvait un grand nombre de généraux. Jamais peut-être il n'avait déployé une si grande tactique, jamais aussi il n'avait montré tant d'activité. Il se trouve dans toutes les affaires, à toutes il prend la plus grande part : mais la trahison devait décider du destin de la France

Cependant le maréchal Victor, par l'inexécution des ordres de Napoléon, a laissé occuper Montereau par les Wurtembergeois. Il s'y présente le 18, au lieu du 17, et veut forcer cette position importante. Son gendre, le

général Château, y reçoit la mort, après s'être emparé des hauteurs de Brienne. Le général Gérard survient et décide la victoire en faveur des Français. Après cette sanglante affaire, que le maréchal Victor eût épargnée, en exécutant les ordres qu'il avait reçus, Napoléon donne au général Gérard le commandement des troupes du maréchal. Celui-ci se rend aussitôt chez l'Empereur, et lui dit, l'œil humide de larmes : « Sire, j'ai fait une
» grande faute militaire, je l'ai payée
» bien cher par la mort de mon gendre,
» le général Château. Je vais prendre
» un fusil, poursuit le maréchal. . . .
» Victor combattra dans les rangs de
» la garde. — Restez, Victor, répond
» l'empereur avec émotion, restez,
» et allez commander deux divisions
» de ma garde. »

Le 19, les Souverains alliés et leurs

armées étaient en fuite. Le 20, Napoléon se porte sur Bray et se rend delà à Nogent, où le général Bourmont a gagné, les 10, 11 et 12, contre l'armée de Schwartzberg, les épaulettes de général de division. Le 22, l'Empereur poursuit sa marche, et déjà cent mille soldats étrangers avec leurs équipages sont refoulés sur les bords du Rhin. Le même jour, le corps de Sacken se présente à Méry-sur-Seine : on le repousse. Méry ayant été dévoré par les flammes, Napoléon transporte son quartier impérial à la Châtre, où il reçoit, dans la nuit du 22 au 23, de nouvelles propositions de la part du prince de Schwartzemberg. Les hostilités continuent. Le 23, Napoléon est sous les murs de Troyes que l'ennemi paraît être dans l'intention de défendre. Après un combat de quelques heures, la ville est abandonnée aux Français. Napoléon y rentre le 24. C'est dans ce moment qu'on parle, pour la première fois, des prétentions et des droits de la maison de Bourbon. Toutefois, l'empereur de Russie a déclaré à Vitrolles qu'il n'épousera pas la cause de cette maison. A Chatillon, on affirmait aux plénipotentiaires français que Monseigneur le comte d'Artois était arrivé à Vesoul, sans en prévenir les puissances, sans leur assentiment, et qu'il allait en repartir.

En même temps, les ducs de Berry et d'Angoulême étaient avec l'armée anglaise, à Jersay et à Saint-Jean de Luz, et ranimaient, par leur présence, un parti presque éteint, et dont on avait en quelque sorte oublié l'existence. Alors parut un décret impérial qui prononçait la peine de mort contre tous ceux qui arboreraient les couleurs de l'ancienne monarchie.

Cependant, de nouvelles conférences doivent avoir lieu à Lusigny. Napoléon n'en est pas moins ardent à continuer ses opérations, toujours dans le but d'obtenir de meilleures conditions de paix. Blücher, à la tête d'une nouvelle armée, recrutée des troupes descendues de la Belgique, n'ayant pu opérer sa jonction avec Schwartzemberg, marchait sur Paris, par les deux rives de la Marne. Marmont et Mortier s'étaient repliés devant cette armée, forte de cent mille hommes, sur la Ferté-sous-Jouare, le 24. Napoléon apprend ces mouvemens; il charge Oudinot et Macdonald de contenir les Autrichiens, et court après Blücher. Ces deux maréchaux sont bientôt obligés de reculer jusqu'à Troyes, devant les masses que leur opposent Witsgenstein et Schwartzemberg. Dans ce moment, Bianchi, Bubna et Hesse-Hombourg marchent contre Augereau, qui commande à Lyon. Blücher, à la vue de Napoléon, se jette sur la rive droite de la Marne, et se dirige sur Soissons. L'Empereur se porte rapidement sur Château-Thierry, après avoir passé le Marne dans la nuit du 2 au 3 mars, et envoye l'ordre à Marmont et à Mortier d'accourir vers Soissons par deux routes différentes. Il arrive à Soissons avant Blücher, à qui il fait fermer la route de Reims. Investi de toutes parts, Blücher n'a d'autre parti à prendre que celui de forcer l'entrée de Soissons, où l'empereur a laissé une garnison. Le général qui commande cette place, menacé la veille par les corps de Bulow et de Wintzingerode, s'était décidé à leur ouvrir ses portes ; de sorte que Blücher, qui se croyait perdu, se trouve au milieu de ses alliés. Est-ce trahison ? Est-ce timidité de la part du général français ? c'est ce que nous ne pouvons pas assurer. Néanmoins, ce général peut être accusé, à juste titre, de trop de précipitation. Napoléon était à Fismes, lorsqu'on lui annonça cet événement; apprenant que le général français, qui commandait Soissons, s'appelait Moreau : « Moreau ! s'écria-t-il, ce » nom m'a toujours été fatal. »

Cependant, Wellington venait de repousser jusqu'à Toulouse, les trente mille hommes du maréchal Soult, et l'on signait, à Chaumont, le fameux traité de la quadruple alliance. Ce traité, en date du 1.er mars, était un véritable arrêt pour la France et pour Napoléon : chacune des parties belligérantes s'engageait à tenir constamment en campagne une armée de cent cinquante mille hommes, pour lesquels l'Angleterre payerait annuellement un subside de cent vingt millions. Napoléon répond à ce pacte par un décret terrible, où il est dit que la mort de tout citoyen Français sera vengée par la mort de tout prisonnier que l'on pourra faire à l'ennemi, et que tout magistrat, convaincu d'avoir refroidi l'élan patriotique, sera puni de la peine des traîtres. Ensuite il se porte, le 5, sur Béry-au-Bac, qu'il fait enlever par le général Nansouty. Le lendemain, il marche sur Laon. Une armée russe est en position sur les hauteurs de Craonne. On l'attaque le 7. Elle résiste jusqu'à la nuit: Victor, Grouchy et Nansouty, sont blessés dans l'action. L'ennemi cède enfin : on le poursuit jusqu'à l'auberge de l'*Ange Gardien*, située entre Laon et Soissons. Cette journée fut des plus sanglantes. Napoléon s'arrête à Bray, devant la vallée de l'Aisne. Là il reçoit une lettre du duc de Vicence, par laquelle il l'engage à souscrire aux propositions que lui imposent de nouveau les alliés ; il les rejette, et retourne à la tête de ses colonnes. Il marcha sur Laon : à deux lieues de cette ville, on rencontre l'ennemi qui occupe un défilé formé par des marais. On l'attaque ; mais il est trop tard pour le forcer. Cependant, dans cette nuit, du 8 au 9, le colonel Gourgaud parvient à surprendre deux grands-gardes des armées alliées : cette action permet au maréchal Ney de franchir les défilés. Les Français arrivent au pied des hauteurs de Laon. Le 9, les corps de Marmont, de Ney et de Mortier vont prendre leurs positions d'attaque. Blücher, à la tête d'une armée triple de celle de Napoléon, occupe les sommités de Laon.

Le même jour, le général Bizanet, avec deux mille cinq cents braves, chassait cinq mille Anglais qui s'étaient introduits à Berg-op-zoom, en Hollande, et venait de leur mettre quatre mille hommes hors de combat.

Le 10, à quatre heures du matin, au moment où Napoléon allait monter à cheval, il apprend que le corps de Marmont s'est laissé surprendre, dans la nuit, par l'ennemi, qui l'a soudainement dispersé. Cette faute du maréchal est d'une telle importance, qu'il va forcer l'empereur à se retirer sur Soissons, et lui faire perdre le fruit de tous ses préparatifs. Il ordonne à Mortier d'aller défendre Soissons contre Blücher; lui-même promet de s'y rendre. Ce fut dans cette ville qu'il répondit, le 12 mars, aux dépêches qu'il venait de recevoir du prince Eugène. Il lui mandait de traiter secrètement avec Murat, et de l'engager à tomber sur les Autrichiens vingt-quatre heures après la signature du traité.

Le général Corbineau vient d'être chassé de Rheims par l'armée Russe; que commande le général Saint-Priest, émigré français. Napoléon s'y rend le

13, et force Saint-Priest à la lui abandonner. Marmont est accouru pour se justifier ; Napoléon le pardonne, et lui donne des témoignages de la plus grande affection. Le meme jour, le général Hollandais Jansens amène à l'empereur six mille hommes de renfort. Napoléon a maintenant trente-cinq mille combattans, et c'est avec cette armée qu'il va lutter contre toute l'Europe sous les armes ! Ney marche sur Châlons, tandis que le duc d'Angoulême entre à Bordeaux avec l'armée Anglo-Espagnole, et que le roi Ferdinand remonte sur le trône d'Espagne. En même temps, le parti royaliste agissait fortement dans les conseils de Paris. Deux intérêts puissans doivent occuper Napoléon : la guerre et les Bourbons. Il peut triompher, si ses ordres sont exécutés. Mais Augereau n'a pas obéi ; il s'est porté sur Genève contre le général Bubna : deux corps déta-

*

chés par le prince de Schwartzemberg, viennent de le surprendre. Napoléon ne peut plus compter sur cette armée de Lyon, forte de 20,000 hommes, ni sur son chef, au dévouement duquel il avait tant de raisons de croire. Cette nouvelle est foudroyante pour l'empereur.

D'un autre côté, l'ennemi se dirige de toutes parts sur Paris, qui peut tomber en son pouvoir. Le 16 mars, Napoléon donne l'ordre à son frère Joseph d'envoyer, au moindre danger, l'impératrice, le roi de Rome et les ministres, en delà de la Loire. Le 18 on lui annonce qu'il n'y a plus de congrès. Le 19 l'empereur est à Châtres : il apprend que la déroute de Saint-Priest et les mouvemens qu'il vient d'opérer sur Epernay ont fait changer de résolution les souverains alliés, et, qu'au lieu de marcher sur Paris, ils se retirent sur Troyes. Les corps de Macdonald et d'Oudinot se rallient à Napoléon prés de Plancy.

Le 20, il traverse Arcis, et se dirige à Bar-sur-Aube. Les reconnaissances poussées sur la route de Troyes découvrent l'ennemi : quelques coups de fusil sont échangés avec son avant-garde. L'empereur se porte sur ce point avec ses trente mille Français, et trouve devant lui toute l'armée de Schwartzemberg! N'importe, Napoléon accepte le combat; il lutte, l'épée à la main, contre les cent cinquante mille hommes qui l'entourent, et semble chercher une mort glorieuse au milieu de sa poignée de braves. Un obus tombe auprès de lui, il y pousse son cheval : l'obus éclate et le couvre de poussière. Appuyé sur Arcis, Napoléon est Léonidas aux Thermopyles. La nuit n'arrête point les coups des combattans. La flamme qui dévore les faubourgs d'Arcis éclaire les travaux de l'ennemi. Napoléon et son armée vont succomber sous les masses de Schwartzemberg : il ordonne la retraite. Elle s'opère d'une manière menaçante, et dans le plus grand ordre, sur Vitry-le-Français. L'ennemi est maître des routes de Paris. Le 24, Napoléon transporte son quartier impérial à Doulevent, un peu en avant de Saint-Dizier. Ses troupes reçoivent l'ordre de marcher sur les alliés qui occupent les routes de la capitale. Embusqué avec une poignée de ses braves, il attend que la détonation des bouches à feu lui indique l'endroit sur lequel il doit se porter. Le 25, le général Piré, par une habile manœuvre, a séparé l'empereur d'Autriche de l'empereur de Russie : le premier est contraint de se réfugier à à Dijon, avec un seul officier. Cependant, l'arrière-garde du héros de la France est attaquée à Saint-Dizier par des forces supérieures : Napoléon y vole; et l'ennemi est chassé de Saint-Dizier, battu et dispersé sur les routes de Vitay et de Bar-sur-Ornain. Le duc de Vicence, qui vient de se retirer auprès de Napoléon, depuis la rupture des négociations, l'informe des mouvemens des armées coalisées sur Paris. L'Empereur, trompé par les rapports de ses généraux, qui prétendent être suivis de la grande armée ennemie, n'est convaincu, que le lendemain que c'est effectivement Wintzingerode, ainsi que l'a dit le duc de Vicence, et non Schwartzemberg qui marche contre lui. Il apprend en même temps que ce dernier vient d'opérer sa jonction avec Blücher, dans les plaines de Châlons. Mortier et Marmont, présumant que Napoléon se replierait sur eux, à la vue de Schartzemberg, accoururent à sa rencontre, par la route de Fère-Champenoise; mais ils se trouvèrent sudainement en présence de l'ennemi qui leur fit éprouver quelques pertes. Cette affaire eut lieu le 25; elle fut également funeste au brave général Pactod, qui venait au devant de Mortier, avec six mille hommes, formés de sa division et de celle du général Amey. Ces six mille hommes, dont les deux tiers en habits de paysans, étaient des recrues nouvelles des départemens de l'ouest, et escortaient un convoi de vivres confié au général Pactod. Assaillis par les masses de Schwartzemberg, ils résistèrent pendant plusieurs heures. Toute la cavalerie ennemie fut mise en mouvement pour détruire ces six mille Vendéens, qui soutinrent constamment ce terrible choc avec leur baïonnettes. Les généraux qui les commandaient furent pris au milieu de leurs carrés. On avait combattu avec tant d'acharnement, que les Russes, les Anglais, les Prussiens, les Allemands, les

Autrichiens et les Suédois se chargèrent et se blessèrent entre eux, ne pouvant se reconnaître à cause de la variété de leurs uniformes.

Le prince Schwartzemberg, pour éviter, à l'avenir un tel danger, ordonna à toute son armée de porter, comme les Suédois, une écharpe blanche au bras gauche. C'est cette précaution qui fit croire que les alliés arboraient les couleurs de la maison de Bourbon.

Après différens combats, les maréchaux opérèrent leur retraite sur Paris, Sésanne, Chailly, Laferté-Gaucher, Trilport, Meaux, Ville-Parisis. Ils prirent position pour la bataille du lendemain, 30 mars.

Napoléon est décidé à tout perdre ou à tout sauver dans la capitale. Pour réussir, il faut qu'il arrive à Paris. Il part de St.-Dizier. Le 29, à dix heures du soir, après une marche rapide, il n'est plus qu'à cinq lieues de la Capitale : une heure lui suffit pour pouvoir se mettre à la tête des troupes qui la défendent : mais il est trop tard : il apprend du général Belliard que Paris vient de capituler. Ni l'ex-roi d'Espagne Joseph, ni le général Clarke, ministre de la guerre, n'avaient rien fait pour y seconder l'élan des habitans. A la vue du danger, ils avaient pris la fuite. Ce fut le maréchal Marmont qui négocia cette affaire avec les alliés, tant en son nom qu'en celui du maréchal Mortier. Pendant les négociations, le brave Moncey était à la tête de la garde nationale, qui, dans les environs de Paris, rivalisa de bravoure avec les troupes de ligne.... Tout pouvait être sauvé sans la trahison et la pusillanimité de quelques hommes. Napoléon était à pied, au relais de Fromenteau, quand le général Belliard lui apprit cette fatale nouvelle. Il appelle le maréchal Berthier et le duc de Vicence, qui se tenaient à l'écart pendant qu'il s'entretenait avec le général Belliard, et leur fait part de la confidence qu'il vient de recevoir. « Eh bien, leur dit-il, il faut aller à » Paris : partons ». Le général Belliard fait observer le danger d'une telle démarche, et insiste pour en détourner son souverain « Je vois, dit alors Napoléon, » que tout le monde a perdu la tête.... » Joseph est un c.... et Clarke un j..., » f....., ou un traître; car je commence » à croire ce que m'en a dit Savary ». Forcé de renoncer à son projet, il envoie, d'après les instances de Berthier et de Belliard, le duc de Vicence à Paris. Les alliés venaient d'y faire leur entrée. Quelques femmes, à la vue des écharpes blanches que les troupes de Schwartzemberg portaient au bras gauche, crurent qu'il fallait se rallier à ces couleurs de l'ancienne dynastie, et crièrent *vivent les Bourbons* ! Des drapeaux blancs pavoisèrent les fenêtres des maisons du boulevard, voisines du café Tortoni. Le parti royaliste mit la cocarde blanche. Sur le soir, le comité de ce parti fut appelé au conseil de l'empereur Alexandre. Trompé par les démonstrations de quelques individus, et ces mots de l'archevêque de Malines, *que toute la France était royaliste*, ce monarque déclara *que*, *puisqu'il en était ainsi*, *il ne traiterait plus avec l'empereur Napoléon*. Ce fut dans ce sens qu'il redigea une proclamation que le parti royaliste fit imprimer et publier avec célérité.

Trente membres du Sénat sur cent quarante s'assemblèrent sous la présidence du prince de Bénévent ; et, le 3 avril, fut publié l'acte du Sénat qui déclarait Napoléon déchu du trône ; le droit d'hérédité aboli dans sa famille ; le peuple français et l'armée déliés envers lui du serment de fidélité. Une grande quantité de courtisans civils et militaires s'empressa de souscrire à la déchéance prononcée par le Sénat. Le duc de Vicence voulut soutenir la cause de la régence et de la dynastie de Napoléon. Il fut sur le point de l'emporter, malgré la résolution antérieure de l'empereur Alexandre ; mais les efforts de Dessoles finirent par triompher auprès de ce monarque. Ainsi fut perdue la cause de Napoléon. Alexandre déclara au duc de Vicence que l'empereur devait abdiquer. Le duc se rendit à Fontainebleau, et raconta à Napoléon ce qui venait de se passer. Il le renvoya avec Magdonald et Ney auprès des Souverains étrangers, après lui avoir remis la déclaration suivante :

« Les puissances alliées ayant pro-

» clamé que l'empereur Napoléon était » un obstacle au rétablissement de la » paix en Europe, l'empereur Napo- » léon, fidèle à son serment, déclare » qu'il est prêt à descendre du trône, » à quitter la France, et même la vie » pour le bien de sa patrie, insépa- » rable des droits de son fils, de ceux » de la régence de l'impératrice et du » maintien des lois de l'empire. Fait » en notre palais de Fontainebleau, » le 4 avril 1814. »

NAPOLÉON.

Cependant Napoléon n'avait pas perdu un instant pour réorganiser l'armée. Les troupes entre Essonne et Paris étaient sousles ordres de Marmont : « C'est là », avait dit l'empereur au duc de Vicence, avant de signer la déclaration qu'on vient de lire, « c'est là » que s'adresseront toutes les intrigues, » toutes les trahisons de Paris. Il faut

» que j'aie à ce poste un homme comme » Marmont, mon enfant, élevé dans » ma tente!...» Il avait dit également à Caulaincourt : « pendant que vous né- » gocierez à Paris, je leur tomberai » dessus avec mes braves. Je pars de- » main. » La veille de la signature de cette déclaration, il avait parlé, dans ces termes, aux cinquante mille hommes qu'il venait de rallier :

« Soldats, l'ennemi nous a dérobé » trois marches, et s'est rendu maître » de Paris. Il faut l'en chasser. D'in- » dignes Français, des émigrés aux- » quels nous avions pardonné, ont ar- » boré la cocarde blanche, et se sont » joints à nos ennemis! Ils recevront » le prix de ce nouvel attentat. Ju- » rons de vaincre ou de mourir, et de » faire respecter cette cocarde trico- » lore, qui, depuis vingt ans, nous » trouve dans le chemin de la gloire

*

» et de l'honneur. » Ce serment avait été prononcé par la garde, au milieu des cris de *Vive l'Empereur! Allons à Paris!* Jamais l'enthousiasme des troupes n'avait été à un plus haut degré.

Les trois plénipotentiaires de Napoléon arrivent à Essonne, où commande Marmont. Ils lui confient l'objet de leur mission, ainsi que l'empereur le leur avait ordonné. Quelle fut leur indignation, en apprenant que ce maréchal, que *cet enfant* de l'empereur négociait déjà un *traité* avec le prince de Schwartzemberg! Ney, Macdonald et Caulaincourt, le forcent à les suivre à Chevilly, où était Schwartzemberg, afin de rompre ce traité. Mais, pendant que Macdonald monte chez le prince de Wurtemberg, qui lui déclare que la convention, faite par Marmont, était réelle, celui-ci, qui avait feint d'attendre, dans sa voiture, le retour de Ney, va trouver le prince de Schwartzemberg, et s'entretient secrètement avec lui. Macdonald, étant entré dans le salon où Marmont avait précédé Schwartzemberg, adressa les plus vifs reproches au premier.

Les plénipotentiaires, ayant enfin obtenu l'autorisation d'entrer à Paris, se mirent en route; Marmont les suivit. Ils furent admis chez l'empereur de Russie à une heure du matin. Ce monarque les reçut avec bienveillance. Le duc de Vicence lui fit observer que *la Régence n'avait point eu de défenseurs, et qu'elle avait été jugée et condamnée par défaut.* Alexandre écouta, avec beaucoup d'intérêt, les prétentions des plénipotentiaires, et ne se montra point contraire aux articles rédigés, par le duc de Vicence, à Fontainebleau. Comme il était deux heures du matin, il ajourna à midi la suite de cet entretien. Dans l'intervalle, on apprit que le corps du maréchal Marmont venait de passer à l'ennemi. Dès-lors tous les efforts des plénipotentiaires devinrent inutiles auprès de l'empereur de Russie, qui, trompé sur le véritable esprit de l'armée, par la désertion du 1er corps, crut que l'on était las de l'empereur, et il déclara *qu'il ne devait plus admettre que l'abdication absolue de Napoléon*. Ils reprirent la route de Fontainebleau: Napoléon avait prevu le résultat de leur démarche. Il disait après leur départ : « On a voulu me faire abdiquer » en faveur du roi de Rome. Je l'ai » fait; cependant ce n'est pas l'inté- » rêt de la France. Mon fils est un en- » fant; ma femme n'entend rien aux » affaires. *Vous auriez donc une Ré-* » *gence autrichienne pendant douze*

» *ou quinze ans, et vous verriez M. de*
» *Schwartzemberg vice-empereur des*
» *Français.* D'ailleurs il faut raison-
» ner. Quand même cela entrerait dans
» les vues de l'Autriche, CROIT-ON
» QUE LES AUTRES PUISSANCES CONSEN-
» TENT JAMAIS A CE QUE MON FILS
» RÈGNE, TANT QUE JE VIVRAI? Non,
» certainement, car elles auraient trop
» peur que j'arrachasse le timon des
» affaires des mains de ma femme.
» Ainsi je n'attends rien de bien de la
» démarche des maréchaux.»

Napoléon voyait bien qu'il ne lui restait que la ressource des armes.

Cependant l'armée de Marmont, qui avait cru qu'on la conduisait au combat, persuadée de la trahison de son chef, s'était révoltée, à Versailles, contre ses généraux. Elle voulait rejoindre Napoléon, jurant de passer, pour y parvenir, *sur les corps des ennemis* qu'elle venait de traverser. Les généraux ne purent se dérober à la vengeance des soldats que par une prompte fuite. Les souverains, alarmés de cette résolution, envoyèrent Marmont pour calmer les troupes. Celui-ci, n'osant leur adresser la parole, mit, à l'ordre du jour, une proclamation où l'on remarqua ce passage : « Vous êtes les » soldats de la patrie. Ainsi, c'est l'o- » pinion publique qu'il faut suivre, et » c'est elle qui m'a ordonné de vous » arracher à des dangers désormais inu- » tiles..... » Les officiers, à la lecture de cette proclamation, brisèrent leurs épées et arrachèrent leurs épaulettes. Leurs soldats, demeurés sans chefs, se laissèrent entraîner à Manthes.

A la nouvelle de la conduite de Marmont, Napoléon put à peine proférer un mot, tant il en fut surpris. « L'ingrat! » s'écria-t-il enfin avec force, il sera

» plus malheureux que moi ! » Ensuite, s'adressant à l'armée de Fontainebleau, par un ordre du jour en date du 5 avril, il lui fit part de la trahison de Marmont et de la situation des choses. Au retour des plénipotentiaires, Napoléon leur déclare qu'*il ne veut point exposer la France aux horreurs de la guerre civile, et qu'il est décidé à abdiquer, ainsi que l'exigent les souverains alliés.*

Dans ce moment, « le Sénat appelait » librement au trône LOUIS-STANISLAS-» XAVIER de France, et après, lui les » membres de sa famille. »

Les plénipotentiaires reprirent la route de Paris avec l'abdication de Napoléon. L'armée, instruite de cet acte, fit aussitôt éclater ses regrets. La désertion se mit dans ses rangs, et Napoléon demeura presque seul au palais de Fontainebleau. Les plénipotentiaires obtinrent l'île d'Elbe pour

Napoléon, comme souveraineté indépendante.

Sur ces entrefaites, le maréchal Soult, à la tête de trente mille Français, combattait sous les murs de Toulouse, et défendait cette ville contre quatre-vingt mille vieux soldats sous les ordres de Wellington. Ce fut le 10 avril qu'eut lieu cette bataille si glorieuse pour ce maréchal et pour les troupes françaises : dix-huit mille Anglais y reçurent la mort. Dans le même temps, Augereau, qui commandait l'armée de Lyon, traitait avec le prince de Hesse-Hombourg, à qui il avait ouvert les portes de cette ville le 21 mars, et s'était retiré à Valence avec les troupes qu'il commandait. Le 14 avril, le comte d'Artois, aujourd'hui Charles X, fut proclamé lieutenant-général du royaume de France. Le 20, Napoléon doit quitter Fontainebleau, et se séparer de sa garde.

Les adieux que lui fit ce grand capitaine arrachèrent des larmes à ces vieux guerriers, illustrés par tant de victoires. Lui-même il pleura pour la première fois de sa vie ; puis, après s'être exprimé en ces termes, d'une voix brisée par la douleur : « Je vous fais mes adieux......
» depuis vingt ans que nous sommes
» ensemble, je suis content de vous. Je
» vous ai toujours trouvés sur le champ
» de la gloire. Toutes les puissances de
» l'Europe se sont armées contre moi.
» Quelques-uns de mes généraux ont
» trahi leurs devoirs, et la France elle-
» même a voulu d'autres destinées. Avec
» vous, et les braves qui me sont restés
» fidèles, j'aurais pu entretenir la guerre
» civile, mais la France eût été malheu-
» reuse. Soyez fidèles à votre nouveau
» roi; soyez soumis à vos chefs, et
» n'abandonnez point notre chère pa-
» trie. Ne plaignez pas mon sort : je

» serai heureux lorsque je saurai que
» vous l'êtes vous-mêmes. J'aurais pu
» mourir, mais je veux suivre encore
» le chemin de l'honneur ; j'écrirai les
» grandes choses que nous avons faites.
» Je ne puis vous embrasser tous, mais
» j'embrasse votre général. Venez, gé-
» néral Petit, que je vous presse sur
» mon cœur. Qu'on m'apporte l'aigle,
» que je l'embrasse aussi ! Ah ! chère
» aigle ! puisse le baiser que je te donne
» retentir dans la postérité ! Adieu,
» mes enfans ; mes vœux vous accom-
» pagneront toujours. »

Napoléon monta en voiture avec le général Bertrand, et quitta Fontainebleau, suivi d'une faible escorte, et accompagné des commissaires des puissances étrangères.

Lorsque Napoléon arriva sur l'Isère, il eut une entrevue avec Augereau dont l'armée était à Valence ; il lui reprocha sa conduite, et continua sa route. Arrivé à Valence, l'empereur fut accueilli, par la population entière de cette ville, aux cris de *vive l'empereur!*

La garde d'Augereau partagea l'enthousiasme des habitans. Cet enthousiasme fut si grand que Napoléon se vit obligé de rappeler plusieurs fois qu'il avait cessé de régner, et que la France devait se ranger sous les bannières du nouveau roi. Augereau avait prévu l'accueil qu'il recevrait à Valence; il s'était hâté d'éloigner de cette ville plusieurs régimens français, et de s'entourer d'un corps de Tyroliens pour sa propre sûreté. Deux de ces régimens s'étaient arrêtés entre Loriol et Valence, malgré les ordres du maréchal. Dès qu'ils aperçurent Napoléon, des cris de *vive l'Empereur!* sortirent de leurs rangs. Ces cris se répétèrent au bruit du tambour qui battait aux champs, lorsque Napoléon passa devant eux.

Il fut moins heureux dans le Midi où l'assassinat était déjà organisé. A Orgon, il ne put échapper aux scélérats accourus pour lui arracher la vie, qu'à l'aide d'un déguisement.

Le 5 mai, à six heures du soir, il arriva à Porto-Ferrajo. Le maire vint lui remettre les clefs de cette ville. La mairie devint le palais de Napoléon. Sa mère et sa sœur Pauline se rendirent bientôt auprès de lui.

CINQUIÈME ÉPOQUE.

Cependant la France venait de reconnaître le gouvernement des Bourbons : mais cette reconnaissance, faite sous les yeux des puissances ennemies, semblait avoir été dictée par la force ; et l'on crut voir, dans l'auguste petit-fils de Henri IV, un roi imposé par la terreur des baïonnettes étrangères. On assure que les prétentions de l'ancienne noblesse, jointes aux vœux qu'elle laissa éclater de voir rétablir l'ancien ordre de choses, fit naître des craintes. D'un autre côté, il est à peu-près certain que Napoléon n'avait cessé d'entretenir des intelligences avec ses partisans, et que les premiers fils de la conspiration, qui le ramena en France, furent ourdis avant le départ de l'Empereur pour l'île d'Elbe. D'autres ont dit qu'il ne se décida à tenter l'envahissement de la France, en 1815, que lorsqu'il eut appris le dessein des puissances coalisées de le transporter à Sainte-Hélène.

Napoléon avait lieu d'espérer que l'Autriche seconderait ses projets, à raison de son alliance avec Marie-Louise. Il fit venir des munitions de Naples et des armes d'Alger. Il avait auprès de lui onze cents hommes, dont six cents hommes de sa garde, deux cents chasseurs corses, deux cents hommes d'infanterie et cent chevau-légers polonais.

Le 26 février, à huit heures du soir, le signal du départ est donné par un coup de canon. On s'embarque; Bertrand, Drouot et Cambronne savaient seuls où l'on allait. Au bout d'une heure de route, Napoléon en informe ses braves. « Grenadiers, leur dit-il, » nous allons en France ! nous allons à » Paris ». A cette nouvelle, les cris de vive la France ! vive Napoléon ! s'élevèrent dans les airs.

Après avoir couru de grands dangers, la flotille débarqua le 1er mars 1815, à cinq heures du matin, au Golfe-Juan. A onze heures du soir, il se mit en marche dans la direction de Gap, où l'on arriva le 5. Napoléon y fit imprimer les proclamations suivantes, qui furent distribuées avec profusion dans toute la France. Ces proclamations, qu'il avait dictées à bord, le 28 février, produisirent l'effet magique dont ce grand capitaine avait besoin pour intéresser la France, et rallier les soldats sous son drapeau. Elles sont, sans contredit, des chefs-d'œuvre d'éloquence militaire. Les voici :

Au Golfe Juan, 1er Mars 1815.

Napoléon, par la grâce de Dieu et les Constitutions de l'Empire, Empereur des Français, etc.

AU PEUPLE FRANÇAIS.

« Français,

« La défection du duc de Castiglione
» livra Lyon sans défense à nos en-
» nemis; l'armée dont je lui avais con-
» fié le commandement, était, par le
» nombre de ses bataillons, la bra-
» voure et le patriotisme des troupes
» qui la composaient, à même de bat-
» tre le corps d'armée autrichien qui
» lui était opposé, et d'arriver sur les
» derrières de l'armée ennemie qui me-
» naçait Paris.

» Les victoires de *Champ-Aubert*,

» de *Montmirail*, de *Château-Thierry*, » de *Vaucham*, de *Mormans*, de *Montereau*, de *Craone*, de *Reims*, d'*Arcy-sur-Aube* et de *Saint-Dizier*; l'insurrection des braves paysans de la » Lorraine, de la Champagne, de l'Alsace, de la Franche-Comté, et de la » Bourgogne; et la position que j'avais » prise sur les derrières de l'armée ennemie, en la séparant de ses magasins, de ses parcs de réserve, de ses » convois et de ses équipages, l'avaient placée dans une situation désespérée. Les Français ne furent jamais sur le point d'être plus puissans, et l'élite de l'armée ennemie » était perdue sans ressource; elle eût » trouvé son tombeau dans ces vastes » contrées qu'elle avait si impitoyablement saccagées, lorsque la trahison » du duc de Raguse livra la capitale » et désorganisa l'armée. La conduite

» inattendue de ces deux généraux, qui
» trahirent à la fois leur Patrie, leur
» Prince et leur bienfaiteur, changea le
» destin de la guerre. La situation dé-
» sastreuse de l'ennemi était telle, qu'à
» la fin de l'affaire qui eut lieu devant
» Paris, il était sans munitions, par la
» séparation de ses parcs de réserve.

» Dans ces nouvelles et grandes cir-
» constances, mon cœur fut déchiré;
» mais mon âme resta inébranlable. Je
» ne consultai que l'intérêt de la pa-
» trie; je m'exilai sur un rocher au
» milieu des mers : ma vie vous était
» et devait encore vous être utile; je
» ne permis pas que le grand nombre
» de citoyens qui voulaient m'accom-
» pagner partageassent mon sort; je
» crus leur présence utile à la France,
» et je n'emmenai avec moi qu'une
» poignée de braves nécessaires à ma
» garde.

» Élevé au trône par votre choix,
» tout ce qui a été fait sans vous est
» illégitime. Depuis vingt-cinq ans, la
» France a de nouveaux intérêts, de
» nouvelles institutions, une nouvelle
» gloire, qui ne peuvent être garantis
» que par un Gouvernement natio-
« nal et par une dynastie née dans ces
» nouvelles circonstances. Un prince
» qui régnerait sur vous, qui serait as-
» sis sur mon Trône par la force des
» mêmes armées qui ont ravagé notre
» territoire, chercherait en vain à s'é-
» tayer des principes du droit féodal,
» il ne pourrait assurer l'honneur et
» les droits que d'un petit nombre
» d'individus ennemis du peuple qui,
» depuis vingt-cinq ans, les a condam-
» nés dans toutes nos assemblées na-
» tionales. Votre tranquillité intérieure
» et votre considération extérieure se-
« raient perdues à jamais.

» Français! dans mon exil, j'ai en-
» tendu vos plaintes et vos vœux, vous
» réclamez ce Gouvernement de votre
» choix qui seul est légitime. Vous ac-
» cusiez mon long sommeil, vous me
» reprochiez de sacrifier à mon repos
» les plus grands intérêts de la patrie.

» J'ai traversé les mers au milieu
» des dangers de toute espèce; j'ar-
» rive parmi vous, reprendre mes
» droits qui sont les vôtres. Tout ce
» ce que des individus ont fait, écrit
» ou dit depuis la prise de Paris, je
» l'ignorerai toujours; cela n'influera
» en rien sur le souvenir que je con-
» serve des services importans qu'ils
» ont rendus, car il est des événe-
» mens d'une telle nature, qu'ils sont
» au-dessus de l'organisation humaine.

» Français! il n'est aucune nation,
» quelque petite qu'elle soit, qui n'ait
» eu le droit et ne se soit soustraite au

» déshonneur d'obéir à un Prince, im-
» posé par un ennemi momentanément
» victorieux. Lorsque Charles VII ren-
» tra à Paris, et renversa le trône éphé-
» mère de Henri V, il reconnut tenir
» son Trône de la vaillance de ses bra-
» ves, et non d'un prince régent d'An-
» gleterre.

» C'est aussi à vous seuls, et aux
» braves de l'armée, que je fais et ferai
» toujours gloire de tout devoir.

NAPOLÉON.

Par l'Empereur :

Le grand-maréchal faisant fonctions de major-général de la grande armée.

Comte BERTRAND. »

Au Golfe Juan, 1er Mars 1815.

Napoléon, par la grâce de Dieu et les Constitutions de l'Empire, Empereur des Français, etc.

A L'ARMÉE.

» Soldats!

« Nous n'avons pas été vaincus, » deux hommes sortis de nos rangs ont » trahi nos lauriers, leur pays, leur » Prince, leur bienfaiteur.

» Ceux que nous avons vus, pendant » 25 ans, parcourir toute l'Europe pour » nous susciter des ennemis; qui ont » passé leur vie à combattre contre » nous dans les rangs des armées étran» gères, en maudissant notre belle » France, prétendraient-ils comman» der et enchaîner nos Aigles, eux qui » n'ont jamais pu en soutenir les re» gards? Souffrirons-nous qu'ils héri» tent du fruit de nos glorieux tra-

» vaux; qu'ils s'emparent de nos hon-
» neurs, de nos biens; qu'ils calom-
» nient notre gloire? Si leur règne du-
» rait, tout serait perdu, même le sou-
» venir de ces immortelles journées.
» Avec quel acharnement ils les déna-
» turent! Ils cherchent à empoisonner
» ce que le monde admire; et, s'il reste
» encore des défenseurs de notre gloire,
» c'est parmi ces mêmes ennemis que
» nous avons combattus sur le champ
» de bataille.

» Soldats! dans mon exil, j'ai en-
» tendu votre voix, je suis arrivé à
« travers tous les obstacles et tous les
» périls; votre Général, appelé au
» Trône par le choix du peuple, et
» élevé sous vos pavois, vous est
» rendu; venez le joindre......

» Arrachez ces couleurs que la Na-
» tion a proscrites, et qui, pendant
» 25 ans, servirent de ralliement à

» tous les ennemis de la France ; arbo-
» rez cette cocarde tricolore, vous la
» portiez dans nos grandes journées.

» Nous devons oublier que nous
» avons été les maîtres des Nations ;
» mais nous ne devons pas souffrir
» qu'aucune se mêle de nos affaires.

« Qui prétendrait être maître chez
» nous ? qui en aurait le pouvoir ? Re-
» prenez ces aigles que vous aviez à
» Ulm, à Austerlitz, à Iéna, à Eylau,
» à Friedland, à Tudella, à Eckmül,
» à Essling, à Wagram, à Smo-
» lensk, à la Moskova, à Lutzen, à
» Vurken, à Montmirail. Pensez-vous
» que cette poignée de Français au-
» jourd'hui si arrogans, puissent en
» soutenir la vue ? ils retourneront d'où
» ils viennent, et là, s'ils le veulent,
» ils régneront comme ils prétendent
» avoir régné depuis dix-neuf ans.

» Vos biens, vos rangs, votre gloire,

» les biens, les rangs et la gloire de
» vos enfans, n'ont pas de plus grands
» ennemis que ces Princes que les
» étrangers nous ont imposés; ils sont
» les ennemis de notre gloire, puisque
» le récit de tant d'actions héroïques,
» qui ont illustré le peuple Français
» combattant contr'eux, pour se sous-
» traire à leur joug, est leur condam-
» nation.

» Les vétérans des armées de Sam-
» bre et Meuse, du Rhin, d'Italie,
» d'Egypte, de l'Ouest, de la grande-
» armée, sont tous humiliés; leurs ho-
» norables cicatrices sont flétries; leurs
» succès seraient des crimes; ces braves
» seraient des rebelles, si, comme le
» prétendent les ennemis du peuple,
» les souverains légitimes étaient au
» milieu des armées étrangères.

» Les honneurs, les récompenses,
» leur affection sont pour ceux qui les

» ont servis contre la patrie et nous.

» Soldats! venez vous ranger sous » les drapeaux de votre Chef : son » existence ne se compose que de la » vôtre; ses droits ne sont que ceux » du peuple et les vôtres; son intérêt, » son honneur, sa gloire ne sont au- » tres que votre intérêt, votre honneur » et votre gloire. La victoire marchera » au pas de charge : l'aigle, avec les » couleurs nationales, volera de clo- » cher en clocher, jusqu'aux tours de » Notre-Dame; alors vous pourrez » vous vanter de ce que vous aurez » fait, vous serez les libérateurs de la » patrie. Dans votre vieillesse, entou- » rés et considérés de vos concitoyens, » ils vous entendront, avec respect, ra- » conter vos hauts faits; vous pourrez » dire avec orgueil : Et moi aussi je » faisais partie de cette grande-armée, » qui est entrée deux fois dans les

» murs de Vienne, dans ceux de Rome,
» de Berlin, de Madrid, de Moskou,
» et qui a délivré Paris de la souillure
» que la trahison et la présence de
» l'ennemi y ont empreinte.

» Honneur à ces braves soldats, la
» gloire de la patrie! et honte éternelle
» aux Français criminels, dans quelque
» rang que la fortune les ait fait naî-
» tre, qui combattirent 25 ans avec l'é-
» tranger, pour déchirer le sein de la
» patrie.

NAPOLÉON.

Par l'Empereur :

Le grand-maréchal faisant fonctions de major-général de la grande-armée.

Comte BERTRAND. »

Le 6, l'empereur alla coucher à Gap. Les quarante hommes d'avant-garde, commandés par le général Cambronne, se portèrent jusqu'à la Mure. Ils rencontrèrent des troupes envoyées de Grenoble pour arrêter la marche de Napoléon. Ces troupes reculèrent de trois lieues, et furent prendre position. Napoléon se porta en avant. Quand il se trouva à la vue d'un bataillon du 5e de ligne, qui faisait partie des huit cents hommes qui venaient de se replier, il mit pied à terre, et, suivi de sa garde, qui avait l'arme sous le bras gauche, il s'en approcha ; alors, découvrant sa poitrine : « S'il est parmi vous, dit-il aux » soldats, s'il en est un seul qui veuille » tuer son général, son empereur, il » le peut, le voici. » Les soldats de Grenoble répondirent à Napoléon par les cris mille fois répétés de *vive l'Empereur!* et demandèrent à marcher les premiers contre la division qui couvrait cette ville. On se remit en route. Entre Vizile et Grenoble, le 7e régiment de ligne, sous les ordres du colonel Labedoyère, vint doubler la ſorce des troupes impériales. Les portes de Grenoble avaient été ſermées. Une population immense couvrait les remparts ; toute la garnison, commandée par le général Marchand, était sous les armes. Les habitans de Grenoble, à la vue de la petite armée impériale, qui s'avançait aux cris de *vive l'Empereur! vive Grenoble! vive la France!* frappèrent l'air des mêmes cris. Les portes furent brisées. Les Grenoblois coururent au-devant de Napoléon, et lui présentant les débris de ces portes : « Tenez, Sire, lui dirent-» ils, au défaut des clés de notre ville, » nous vous en apportons les portes. — » Amis, dit Napoléon à ses officiers, » maintenant tout est décidé : nous al-» lons à Paris. » Alors il fit répandre le bruit qu'il était suivi de quatre-vingt mille Napolitains, sous le commandement de Murat, et que les Autrichiens arrivaient aussi pour protéger sa démarche.

Le lendemain il passa la revue des troupes de Grenoble; et adressa ces paroles au 4e régiment d'artillerie à pied. « C'est parmi vous que j'ai fait mes pre» mières armes; je vous aime tous comme » d'anciens camarades. Je vous ai sui» vis sur le champ de bataille, et j'ai tou» jours été content de vous; mais, j'es» père que nous n'aurons pas besoin de » vos canons. Il faut à la France de la mo» dération et du repos. L'armée jouira, » dans le sein de la paix, du bien que je » lui ai déjà fait et que je lui ferai en» core. Les soldats ont retrouvé en moi » leur père; ils peuvent compter sur » les récompenses qu'ils ont méritées. »

Ce discours fut accueilli par de nouvelles acclamations du peuple et des soldats. L'enthousiasme des uns et des autres alla jusqu'au délire. Le soir, Napoléon écrivit à Marie-Louise et à son frère Joseph; et, après avoir donné des témoignages d'attachement à la ville de Grenoble, il se mit en route pour Lyon.

Cependant, le *Moniteur*, sept jours après le débarquement de Napoléon, apprit cet évènement à la France. Le lendemain, ce même journal avait annoncé que l'empereur venait d'être abandonné par ses soldats, et qu'il errait dans les montagnes, pour se soustraire à la haine des habitans des lieux qu'il avait traversés.

Le comte d'Artois, le duc d'Orléans et le maréchal Macdonald étaient accourus à Lyon, d'où ils devaient marcher contre Napoléon avec vingt-cinq mille hommes. Le duc d'Angoulême, le prince d'Essling et les généraux Marchand et Duvernet devaient lui couper la retraite dans le midi. Le 11 mars, on annonce à Paris que Bonaparte vient d'être battu aux environs de Bourgoin, et le 10, à sept heures du soir, Napoléon faisait son entrée à Lyon, à la tête de l'armée envoyée contre lui. Le comte d'Artois venait de quitter cette ville, bien convaincu qu'il n'avait rien à espérer des troupes. On a dit et imprimé qu'un seul garde national à cheval s'était offert pour l'accompagner ; mais le fait est qu'il fut escorté par un détachement du 31° régiment de dragons, qui eut, pour MONSIEUR, tous les égards dus à une haute infortune.

L'enthousiasme avec lequel l'empereur fut reçu à Lyon est au-delà de toute expression. De cette ville il écrivit à Marie-Louise et à Joseph : *J'ai ressaisi ma couronne, je suis remonté sur mon trône.* Il répéta aux autorités de Lyon ce qu'il avait dit dans les pays qu'il venait de traverser : « J'ai été égaré dans » une fausse route. Mais instruit par

» l'expérience, j'ai abjuré cet amour de
» la gloire si naturel aux Français, qui
» a eu pour la France et pour moi tant
» de funestes résultats !..... Je me suis
» trompé, en croyant que le siècle
» était venu de rendre la France le chef-
» lieu d'un grand empire. » C'était l'Europe que Napoléon qualifiait de *grand empire*. Un décret impérial prononça la dissolution des chambres, et ordonna la réunion à Paris, en assemblée extraordinaire du *Champ-de-Mai*, des colléges électoraux de l'empire. Deux autres décrets qui ne contribuèrent pas peu à lui aliéner les esprits, suivirent de près celui-ci. Par le premier, il rétablissait contre les émigrés non radiés et rentrés en France depuis le 1er janvier 1814, la rigueur des lois de l'assemblée nationale, et frappait leurs biens du séquestre; dans le second il abolissait la noblesse et les titres féodaux.

Il quitta Lyon le 13, après avoir dit aux habitans : « Dans des momens plus » tranquilles, je reviendrai pour m'oc- » cuper de vos manufactures et de votre » ville. Lyonnais, je vous aime. » Napoléon reçut pour adieux les cris de *vive la nation! vive l'empereur!*

Il avait chargé le général Bertrand d'écrire au maréchal Ney, qui marchait contre lui à la tête d'une armée, afin de le prévenir de ce qui venait de se passer. A Châlons, il reçut un envoyé de Paris, qui lui apprit que la garde nationale était décidée à défendre le roi, et que le roi avait déclaré qu'il ne sortirait point du château des Tuileries. « J'en doute fort, dit l'empereur. » Quand je serai à Paris, les émigrés » l'abandonneront comme les nobles » de Lyon ont abandonné le comte » d'Artois. La garde nationale crie de » loin; mais, lorsque je serai aux bar-

» rières, elle se taira : son métier n'est
» pas de faire la guerre civile. Retournez
» à Paris, dites à mes amis de ne point
» se compromettre, et que, dans *dix*
» *jours, mes grenadiers seront de*
» *garde aux Tuileries.* »

Le lendemain 15 avril, il reçut l'ordre du jour du maréchal Ney, daté de son quartier-général de Lons-le-Saulnier. Voici ce que ce maréchal, qui s'était engagé à amener Napoléon à Louis XVIII dans une *cage de fer*, disait à ses soldats : « Je vous ai souvent menés à la
» victoire ; maintenant, je vais vous
» conduire à cette phalange immortelle
» que l'empereur Napoléon conduit à
» Paris, et qui y sera sous peu de jours.
» *Vive l'empereur!* »

Toutes les troupes que Napoléon rencontra sur sa route vinrent se ranger sous ses aigles. Tandis qu'il marchait sur Paris, le congrès de Vienne publiait cette fameuse déclaration, dans laquelle il est dit qu'*il ne peut y avoir ni paix ni trève avec lui.*

Le 19 mars, à minuit, Louis XVIII quitte le château des Tuileries; le 20, à neuf heures du matin, l'empereur est à Paris; il est transporté par la foule jusque dans la salle des maréchaux. Il remonte sur le trône, et pas une goutte de sang n'a été répandue depuis son départ de l'île d'Elbe. Entouré des courtisans qui n'avaient pas quitté le palais pendant son absence: « Ce sont les gens » désintéressés, disait-il avec une » sorte d'affectation, qui m'ont ramené » à Paris. Ce sont les sous-lieutenans » et les soldats qui ont tout fait: c'est » au peuple, c'est à l'armée que je dois » tout. »

Le lendemain, 21 mars, il rappelle presque tout son ministère. Carnot reçut le porte-feuille de l'intérieur, et

Davoust celui de la guerre. Decrès rentra dans ses fonctions de ministre de la marine, et l'inévitable Fouché, duc d'Otrante, dans celles de ministre de la police. Mollien fut rappelé, contre le gré du peuple, au ministère des finances. Le porte-feuille des relations extérieures fut offert au duc de Vicence; il le refusa d'abord : Napoléon insista, et Caulaincourt finit par l'accepter.

Le 22, l'Empereur passa les troupes en revue. Il leur fit jurer de défendre les aigles qu'il venait de rapporter de l'île d'Elbe, et que le général Cambronne offrit à leurs regards. Le serment fut prêté au milieu des plus violentes acclamations.

Le duc d'Orléans, à qui Louis XVIII avait laissé le commandement de Lille en partant pour Gand, quitta cette ville le 24. Il écrivit au duc de Trévise : « Je » suis trop bon Français pour sacrifier

» les intérêts de la France, par ce que » de nouveaux malheurs me forcent » à la quitter. Le Roi n'étant plus en » France, je ne puis plus transmettre » d'ordres en son nom, et il ne me reste » plus qu'à vous dégager de l'observa- » tion de tous les ordres que je vous » avais transmis, en vous recomman- » dant de faire tout ce que votre excel- » lent jugement et votre patriotisme si » pur vous suggéreront de mieux pour » les intérêts de la France. » — « Cette » lettre, dit Napoléon, à qui le duc de » Trévise venait de la communiquer, » fait honneur au duc d'Orléans. » Et il ordonna que la duchesse d'Orléans toucherait annuellement trois cent mille francs sur le trésor, et la duchesse de Bourbon, cent cinquante mille francs. Ces princesses étaient dans un extrême embarras depuis le décret qui sequestrait les biens de la maison de Bourbon.

Cette action de Napoléon fut généralement approuvée.

Cependant le duc d'Angoulême était à Toulouse, et la duchesse d'Angoulême à Bordeaux. Cette princesse déploya, dans ces circonstances, un caractère vraiment héroïque. Elle donna elle-même des ordres militaires aux troupes qui étaient dans cette ville ; mais elle fut obligée de céder la place au général Clausel, que l'Empereur avait envoyé contre MADAME.

Le duc d'Angoulême, dans le même temps, s'avançait dans la direction de Lyon, à la tête de deux corps d'armée, formant ensemble douze mille hommes. Il n'éprouva de la résistance que dans le département de la Drôme, où commandait le maréchal-de-camp Debelle : cinq ou six cents impériaux le retinrent plusieurs jours à Montélimar. Le 2 avril, il s'avança sur Valence, à la tête du

10ᵉ régiment de ligne, et de plusieurs bataillons de *certains hommes* que nous qualifierons du titre de *gardes nationaux*. Les impériaux vinrent prendre position au pont de la Drôme ; ils étaient sous les ordres du colonel d'artillerie Noël, dont la conduite paraît inexplicable dans cette circonstance. Cet officier, qui connaissait bien le nombre des soldats que commandait le duc d'Angoulême en personne, n'avait, pour défendre ce pont, qu'un bataillon du 39ᵉ régiment de ligne, et deux cents hommes environ d'anciens militaires retirés. Il voulut tenir la position, et cependant, à l'approche de l'armée du duc d'Angoulême, il empêcha deux pièces d'artillerie de tirer sur le 10ᵉ ; il les fit même décharger. On eut lieu de croire qu'il trahissait les impériaux ; ceux-ci tinrent bon, et l'opiniâtreté qu'ils montrèrent, intimida les royalistes. Le 10e s'arrêta dans sa marche, et fit entendre les cris de *vive l'empereur* ! Trompés par cette fausse démonstration, les impériaux accourent pour embrasser des frères; mais les soldats du 10e tombent sur eux, et tout ce qui défendait le pont est refoulé, maltraité, écrasé : ces malheureux fuyaient à travers les champs. L'armée royaliste n'avait qu'à pousser quelques chevaux sur eux pour les prendre tous; mais elle préféra les foudroyer, depuis le pont de la Drôme jusqu'à la Paillasse, qui est à deux lieues de là; alors, et seulement alors, quelques cavaliers volèrent sur leurs traces, et les firent aisément prisonniers. Pour ne point affliger l'humanité, nous garderons le silence sur la manière dont ils furent traités par les vainqueurs : nous dirons seulement que les Turcs en eussent agi moins cruellement envers des vaincus. Le village de la Paillasse fut pillé, sous les yeux du duc d'Angoulême, sans qu'il eût été possible à ce prince de l'empêcher.

L'armée royale arriva à Valence, mais elle en fut bientôt chassée par l'armée de Grouchy qui était accourue de Lyon et les gardes nationales de l'Isère, du Rhône et de la Drôme. Repoussé jusqu'à la Palud, vis-à-vis Saint-Esprit, le duc d'Angoulême fut obligé de capituler entre les mains du général Gilly qui s'était rendu maître de cette dernière ville. Le prince n'avait plus auprès de lui que le 10e régiment de ligne: tous ses *gardes nationaux* l'avaient abandonné. Il se constitua prisonnier. Napoléon lui permit de s'embarquer à Cette, et prescrivit au général Grouchy *de veiller à la sûreté de ce prince*, et *à écarter de sa personne aucun mauvais traitement*. Ce fut le 16 avril que le duc d'Angoulême s'embarqua à Cette pour l'Espagne.

Maître du trône, Napoléon travailla à se concilier le peuple, en améliorant la constitution ; c'est dans ce but qu'il donna son *fameux acte additionnel aux constitutions de l'Empire*, lequel lui aliéna presque tous les esprits. La déclaration de Vienne, du 13 mars, et le nouveau traité des puissances étrangères, en date du 25, connu sous la dénomination de *pacte d'alliance*, ne permirent plus de douter de la guerre.

Cependant, Napoléon avait mis en usage tous les moyens possibles pour détacher la Russie des intérêts de la maison de Bourbon. Il avait écrit, le 4 avril, aux souverains alliés, pour annoncer son retour, et les informer des intentions pacifiques dans lesquelles il était. Les souverains avaient répondu à toutes ses démarches et dirigeaient leurs armées sur la France. Napoléon dut se préparer à reprendre les armes. Huit armées s'étaient formées depuis son arrivée à Paris. Elles furent appelées armée du Nord, armée de la Moselle, armée du Rhin, armée du Jura, armée des Alpes, armée des Pyrénées, armée de Réserve. Des corps francs et des partisans s'organisaient de tout côté, et rien n'était négligé pour fortifier l'Empire, et le disposer à résister à l'assaut de l'Europe coalisée. L'armée proprement dite, avait été portée à deux cent mille hommes. La garde nationale de France, organisée en trois mille cent trente bataillons, présentait une masse de deux millions deux cent cinquante mille hommes: cent quatre-vingt mille hommes de chasseurs et grenadiers de la garde nationale furent mis à la disposition du ministre de la guerre. Dans ces mêmes circonstances, Murat résolut de profiter des mouvemens de l'étranger pour s'emparer du royaume d'Italie, et de seconder ainsi ceux de Napoléon, qu'il regrettait d'avoir trahi en 1814.

L'empereur, qui l'avait engagé à ne pas bouger qu'il ne l'eût prévenu, informé de sa marche, s'était hâté de lui envoyer un général expérimenté autant qu'habile; mais il n'était plus temps : l'armée de ce roi venait d'être détruite, et Joachim avait cessé de régner. Sa défaite fit perdre à Napoléon l'appui de l'Italie.

Cependant, un manifeste est lancé de Vienne par les souverains étrangers. On y remarque le passage suivant : « Les » puissances ne se croient pas autorisées » à imposer un gouvernement à la » France; *mais elles ne renonceront* » *jamais* au droit d'empêcher que, » sous le titre de gouvernement, il ne

» s'établisse en France *un foyer de dé-» sordre et de bouleversement* pour les » autres états. » Cette menace pouvait tomber devant le succès d'une grande bataille.

Napoléon, avant de marcher à l'ennemi qui s'avançait vers les frontières de la France, ouvrit le *Champ-de-Mai*, où les députés des départemens et l'armée prêtèrent solennellement le serment de fidélité à l'acte additionnel et à l'Empereur. L'enthousiasme que produisit cette imposante cérémonie est au-delà de toute expression. Le 7 juin il fit l'ouverture des chambres législatives; le 12 il partit pour l'armée; le 13, il était à Avesnes. Il fit camper les troupes sur trois directions : la gauche, forte de quarante-trois mille trois cent vingt-huit hommes, sur la rive droite de la Sambre; le centre, composé de soixante-trois mille sept cent vingt-quatre hommes, à Beaumont, où était le quartier-général; la droite, de seize mille trois cent quarante-deux hommes, en avant de Philippeville: total, cent vingt-trois mille trois cent quatre-vingt-quatorze combattans; plus trois cent cinquante pièces de canon.

Le quartier-général de Wellington était à Bruxelles, et celui de Blücher à Namur. Napoléon avait calculé que les armées de ces généraux avaient besoin de deux jours pour opérer leur jonction, et combattre sur le même terrain. Il résolut d'attaquer celle de Blücher la première, ayant moins à craindre de la circonspection de Wellington, que de la promptitude du général prussien. En conséquence, après avoir électrisé ses soldats par un ordre du jour, il se mit en marche le 15, au lever de l'aurore. Les Prussiens, dès le premier choc, furent vivement repoussés, et laissèrent plusieurs mille hommes sur le champ de bataille. Du 15 au 16, les trois colonnes françaises avaient franchi la Sambre : la droite sur le pont du Châtelet, le centre sur celui de Charleroi, et la gauche sur celui de Marchiennes. Ce succès fut d'autant plus remarquable, que le général Bourmont, de la fidélité duquel le général Gérard avait répondu à Napoléon, était passé, la veille, à l'ennemi avec les plans de campagne.

Dans la nuit du 15 au 16, le maréchal Ney reçut l'ordre d'occuper, à la pointe du jour, avec ses 45,000 mille hommes, en avant des *Quatre-Bras*, une position sur la route de Bruxelles; Napoléon lui enjoignait aussi de conserver en même temps celles de Nivelle et de Namur. Il n'exécuta point ces ordres; ce qui empêcha la bataille d'être décisive. Cette bataille, qui eut lieu dans la journée, coûta néanmoins trente mille hommes, quarante pièces de canon, et huit drapeaux ou étendarts aux Anglais et aux Prussiens. Ligny fut pris et repris cinq fois, avec le plus vif acharnement. Wellington, le même soir, porta son quartier-général *aux Quatre-Bras*, ce qui ne serait point arrivé, si Ney se fût emparé de cette position, ainsi que Napoléon le lui avait prescrit. « Il » se peut, avait dit Napoléon au géné» ral Gérard, chargé de s'emparer de » Ligny, il se peut que, dans trois heures, » le sort de la guerre soit décidé. Si » Ney exécute bien mes ordres, il ne s'é» chappera pas un seul canon de l'armée » Prussienne. Elle est prise en flagrant » délit. »

A midi, ce maréchal, ayant reçu de nouveaux ordres, s'avança enfin à la tête de vingt-deux mille hommes; mais

*

il n'aborda franchement l'ennemi qu'à trois heures, au moment où la canonnade de Ligny se fit entendre. Alors il se jeta sur le corps du prince d'Orange, et le repoussa; mais, soutenu par la division Brunswick et plusieurs régimens anglais, le combat se renouvela avec chaleur; cette division fut également battue : elle laissa plus de huit mille morts, parmi lesquels le prince régnant de Brunswick. Le 42e régiment écossais fut enfoncé et taillé en pièces : son colonel fut tué. Les tirailleurs français touchaient déjà la ferme des *Quatre-Bras*, lorsque deux divisions anglaises accoururent sur la chaussée de Nivelles. Le maréchal Ney sentit alors le besoin de sa seconde ligne, qui était à trois lieues de là : il l'envoya chercher ; mais il était trop tard. Il prit son quartier-général à Frasne, et sa ligne de bataille à deux portées de canon de l'armée ennemie. Blücher était en retraite sur Wavres. Wellington passa la nuit aux *Quatre-Bras*, où des corps anglais continuèrent de lui arriver.

Dans la nuit, Napoléon ordonna à Ney de se porter sur les *Quatre-Bras*, le 17, à la pointe du jour, et d'attaquer vivement l'arrière-garde anglaise. Le comte de Lobau prit position sur le même point par la chaussée de Namur, pour favoriser l'attaque du maréchal en tombant sur les flancs de l'armée anglaise. Napoléon s'y dirigea en même temps que le comte de Lobau, Ney, qui devait être en marche depuis six heures du matin, était encore à Frasne: L'empereur lui envoya des officiers pour le presser de déboucher sur les *Quatre-Bras*, et immédiatement le comte de de Lobau se réforma, et marcha en avant.

Le général Pajol était à la poursuite

des Prussiens, dans la direction de Wavres. Grouchy avait ordre de suivre son mouvement, et de ne pas perdre de vue le général Blücher. Le duc de Wellington, ayant appris le désastre de Ligny dans la nuit, avait ordonné de battre en retraite dans la direction de Bruxelles.

L'empereur étant arrivé à la ferme des *Quatre-Bras* fit mettre en batterie 12 pièces d'artillerie légère, qui s'engagèrent avec deux batteries anglaises. Cependant les troupes de la gauche ne paraissaient point encore, et la pluie tombait par torrens. Napoléon, impatienté, fit enlever la position par les généraux d'Erlon et Reille. Ney arriva enfin. L'empereur lui reprocha amèrement sa lenteur et les *trois heures précieuses* qu'il venait de lui faire perdre. Ce maréchal s'excusa en disant qu'il croyait que Wellington était encore aux

Quatre-Bras avec toute son armée. Napoléon se mit à la tête des troupes qui étaient de soixante-neuf mille hommes et deux cents quarante-deux pièces de canon. Il prit position en avant de Planchenoit. L'armée française se trouvait disposée de manière à marcher sur Bruxelles en deux colonnes : on n'était qu'à 4 lieues et demie de cette ville. L'empereur avait, devant lui, l'armée anglo-hollandaise, forte de 90,000 hommes et de deux cent cinquante-cinq pièces d'artillerie : son quartier-général était à Waterloo. Cependant, Grouchy avait négligé l'exécution de ses ordres. Vers le soir, il reçut la nouvelle positive que Blücher se dirigeait sur Wavres ; mais il était plus de six heures, et le maréchal pensa qu'il serait temps, le lendemain, de suivre l'ennemi, qui se trouvait ainsi avoir gagné trois heures sur lui. *Cette funeste résolution*, dit

Napoléon dans ses mémoires, *est la cause principale de la perte de la bataille de Waterloo.*

Le 18, l'armée française fut mise en mouvement. Napoléon, après avoir examiné, des hauteurs de Rossonne, les positions de l'armée anglo-hollandaise, forma six lignes de ses troupes, et se décida à attaquer la gauche de l'ennemi, afin d'offrir un point de jonction au maréchal Grouchy, qui devait arriver d'un instant à l'autre. Ce maréchal avait dû attaquer Wavres au point du jour, et achever de détruire l'armée de Blücher, qui était réduite à trente mille hommes. Il était dix heures et demie lorsque l'empereur attaqua l'armée anglo-hollandaise. Il ignorait que le corps de Bulow s'était réuni à Wavres avec celui de Blücher. Le bois et le château d'Hougomont furent enlevés par le prince Jérôme et le comte Reille, malgré la résistance des ennemis. L'empereur allait donner l'ordre au maréchal Ney d'attaquer le centre, lorsqu'il aperçut des troupes dans la direction de Saint-Lambert. Il apprit que c'était l'avant-garde d'un corps de trente mille hommes, commandé par Bulow. Napoléon donne aussitôt 10,000 hommes au comte de Labau, et lui ordonne d'arrêter ce corps dès qu'il serait averti par la canonnade de Grouchy. L'empereur pensait que ce maréchal, ayant attaqué Wavres à la pointe du jour, devait avoir, sur les derrières de Bulow, un corps de sept à huit mille hommes. Après le départ du comte de Lobau, Napoléon n'avait donc plus que cinquante-neuf mille hommes, et l'armée anglo-hollandaise, renforcée de trente mille Prussiens, présentait une masse de cent-vingt mille combattans. C'était un contre deux. L'empereur dit au maréchal Soult,

« Nous avions, ce matin, quatre-vingt-
» dix chances pour nous : l'arrivée de
» Bulow nous en fait perdre trente;
» nous en avons encore soixante contre
» quarante; et, si Grouchy répare l'hor-
» rible faute qu'il a commise hier de
» s'amuser à Gembloux, et envoie son
» détachement avec rapidité, la vic-
» toire en sera plus décisive, car le
» corps de Bulow sera entièrement
» perdu. »

Il était midi : les tirailleurs étaient engagés sur toute la ligne; mais le combat n'avait réellement lieu que sur la gauche. Les troupes de Bulow étaient encore stationnaires sur l'extrême droite. L'Empereur ordonne au maréchal Ney de s'emparer de la ferme de la Haie-Sainte et du village de la Haie, afin de couper la communication des Anglais et des Prussiens. Cet ordre est fidèlement exécuté, et la ferme est emportée. Une division anglaise périt entièrement par les boulets et la mitraille que vomissaient quatre-vingt pièces de canon. Le général Picton resta sur le champ de bataille. Tout fuyait sur Bruxelles, dans le plus grand désordre. La victoire était aux Français; mais le corps du général Bulow opéra, dans ce moment sa puissante diversion, et l'Empereur apprit que Grouchy, au lieu d'être parti de Gembloux à la pointe du jour, ainsi qu'il l'avait promis, n'avait pas encore quitté son camp à dix heures du matin! Cependant la canonnade s'engagea entre le comte de Lobau et le général Bulow. L'artillerie française l'emporta. Dans ce même instant, le comte d'Erlon, après s'être emparé de la Haie, débordait toute la gauche anglaise et la droite prussienne. L'engagement devint général. Bulow fut repoussé. Les Anglais abandonnèrent tout le champ de bataille entre la Haie-Sainte et Mont-St.-Jean. La grosse cavalerie de la garde, qui était en 2e. ligne derrière les cuirassiers de Kellermann, se portait au grand trot sur le plateau. L'empereur s'aperçut de ce zèle imprudent : c'était sa réserve. Il envoya le comte Bertrand pour la rappeler ; mais elle était déjà engagée, et tout mouvement rétrograde pouvait être fatal. Elle fit des miracles. Tout ce qui voulut opposer de résistance fut écrasé. Elle prit soixante pièces de canon et six drapeaux au milieu des carrés. Mais ces avantages n'équivalaient point à ceux que l'Empereur attendait de cette réserve, qui, bien employée, lui avait donné tant de fois la victoire. Néanmoins, la bataille était gagnée : soixante neuf mille Français avaient battu cent vingt mille Anglais, Hollandais et Pr ussiens

Il était sept heures du soir : l'armée française était maîtresse du champ de bataille. Dans ce moment, on entendit distinctement la canonnade du maréchal Grouchy, qui avait lieu derrière St.-Lambert. Il n'était arrivé qu'à quatre heures et demie devant Wavres, où il reçut enfin les ordres que l'empereur lui avait expédiés. Il envoya le général Pajol à Limale sur le pont de la Dyle, avec douze mille hommes, et il attaqua Wavres en même-temps. Blücher y avait passé la nuit avec ses quatre corps d'armée, y compris celui de Bulow; mais il en était parti, laissant seulement son 3e. corps dans cette ville, pour masquer son départ. Ce mouvement du général prussien établit une communication entre le général Bulow et les Anglais. « Bulow, qui était en retraite, s'arrêta ; » Wellington, qui n'avait pour pers-

» pective qu'une défaite assurée, vit son
» salut. Si le maréchal Grouchy eût
» couché devant Wavres, comme il le
» devait et en avait l'ordre, le soir du
» 17, le maréchal Blücher y fût resté
» en observation avec toutes ses forces,
» se croyant poursuivi par toute l'armée
» française. Si le maréchal Grouchy,
» comme il l'avait écrit à deux heures
» après minuit de son camp de Gem-
» bloux, eût pris les armes à la pointe
» du jour, c'est-à-dire à quatre heures
» du matin, il ne fût pas arrivé à Wa-
» vres à temps pour empêcher le déta-
» chement du général Bulow, mais il
» eût arrêté les trois autres corps du
» maréchal Blücher. La victoire était
» encore certaine; mais le maréchal
» Grouchy n'arriva qu'à quatre heures
» et demie devant Wavres, et n'attaqua
» qu'à six heures; il n'était plus temps!
» L'armée française, forte de soixante-

» neuf mille hommes, qui, à sept heures
» du soir, était victorieuse d'une armée
» de cent vingt mille hommes, occu-
» pait la moitié du champ de bataille
» des Anglo-Hollandais, et avait re-
» poussé le corps de Bulow, se vit ar-
» racher la victoire par l'arrivée du
» général Blücher avec trente mille
» hommes de troupes fraîches, renfort
» qui portait l'armée alliée, en ligne,
» à près de cent cinquante mille hom-
» mes, c'est-à-dire deux et demi con-
» tre un. »

Tels sont les détails que donne Napoléon dans ses mémoires sur cette fatale journée. Nous les avons rapportés parce qu'ils ont été reconnus, par les étrangers eux-mêmes, de la plus grande exactitude.

Les Français, à la vue des colonnes de Blücher, témoignèrent le plus vif étonnement. Napoléon fit dire sur toute la ligne, que le maréchal Grouchy arrivait, et fit avancer la garde; mais Blücher se porta aussitôt sur la Haie avec quatre divisions. Ce point n'était défendu que par une division française : elle fut culbutée. Le cri de *Sauve qui peut*, se fit, dit-on, entendre. La ligne était rompue, la cavalerie ennemie inonda le champ de bataille, le désordre devint effroyable. Ce fut alors que le général Michel prononça ces mots, qu'on a attribués à Cambronne : *La Garde meurt et ne se rend pas.* Ce brave tomba percé de mille coups au milieu de ses grenadiers. L'empereur n'eut que le temps de se réfugier dans un carré de sa garde. Il voulait partager le sort de tant de braves écrasés par l'ennemi; mais il fut entraîné par le mouvement général, dont la nuit accrut le désordre. « Si la division de » cavalerie de réserve du général Guyot

» ne se fût engagée sans ordre à la
» suite des cuirassiers Kellermann, dit
» Napoléon, elle eût repoussé cette
» charge, empêché la cavalerie anglaise
» de pénétrer sur le champ de bataille,
» et la garde à pied eût alors pu con-
» tenir tous les efforts de l'ennemi. »

Tout se trouva bientôt dans la plus grande confusion : la cavalerie, l'infanterie, l'artillerie et les bagages, et les efforts qu'on fit pour rallier les troupes furent inutiles. Il était onze heures du soir.

Ainsi finit cette campagne, qui s'était annoncée sous de si heureux auspices. Ces quatre journées de combats coûtèrent soixante-huit mille hommes aux alliés, et quarante-huit mille aux Français.

L'empereur donna l'ordre au maréchal Grouchy et au général Rapp, qui commandait l'armée de l'Alsace, de se porter sur Laon. Napoléon arriva le 20 dans cette ville, et y organisa le service pour quatre-vingt mille hommes. Il y apprit de son frère Jérôme que plus de vingt-cinq mille hommes, avec cinquante pièces de canon, s'étaient déjà ralliés derrière Avesnes, que la garde à pied et à cheval s'avançaient sous le commandement des généraux Morand et Colbert, et que la moitié du matériel de l'armée était sauvée. Napoléon ordonna aussitôt d'amener à Laon toutes les forces qu'il pourrait réunir. Rapp et Grouchy devaient s'y rendre. Le corps de ce dernier était entier. Il arriva à Laon le 26. Il formait un corps de trente-deux mille hommes, et avait cent huit pièces de canon. Soixante-dix mille hommes étaient ralliés le 27 entre Laon et Paris. Dans les premiers jours de juillet, le général Rapp devait les rejoindre avec vingt-cinq mille combattans. Cinq cents pièces de canon étaient dans Paris, et l'on n'en avait perdu que cent soixante-dix. Ainsi l'Empereur aurait, sous peu de jours, cent vingt mille hommes de bonnes troupes pour couvrir Paris. Il pouvait compter, en outre, sur trente-six mille hommes de la garde nationale parisienne; sur trente mille tirailleurs et fédérés, qui pouvaient, au besoin, se lever au nombre de quatre-vingt mille, six mille artilleurs et six cents pièces de canon. L'ennemi avait perdu près de quatre-vingt mille hommes, d'après les calculs de Napoléon, et ne pouvait disposer que de cent quarante mille, dont cinquante mille seraient obligés d'aller investir les places fortes et établir les communications. Les quatre-vingt-dix mille hommes qui restaient étaient bien peu de chose pour combattre l'armée de Paris. Trente mille hommes des armées russe et autrichienne ne pouvaient arriver sur la Marne avant le 15 juillet. D'un autre côté, Suchet avait chassé les Piémontais des gorges du Mont Cénis; Desaix s'était emparé de Carouge, et était maître de tous les défilés du Jura; Lamarque avait soumis la Vendée; Lecourbe allait se réunir à Suchet, et l'armée de Lyon serait de trente mille hommes; toutes les places fortes du nord et de l'est étaient en état de défense. Tout pouvait se réparer; mais il fallait un accord dans les chambres, sur lequel il n'était point permis à Napoléon de compter; et, pour ne pas allumer la guerre civile dans sa patrie, il fut obligé d'abdiquer une seconde fois.

Voici la déclaration qu'il adressa au *Peuple français*.

« En commençant la guerre pour

» soutenir l'indépendance nationale, » je comptais sur la réunion de tous » les efforts, de toutes les volontés, et » le concours de toutes les autorités » nationales ; j'étais fondé à en espérer » le succès, et j'avais bravé toutes les » déclarations des puissances contre » moi. Les circonstances me paraissent » changées. Je m'offre en sacrifice à la » haine des ennemis de la France. » Puissent-ils être sincères dans leurs » déclarations, et n'en avoir voulu » réellement qu'à ma personne ! Ma vie » politique est terminée, et *je pro-* » *clame mon fils sous le titre de* NAPO- » LÉON II, *empereur des Français*. Les » ministres actuels formeront provi- » soirement le conseil de gouverne- » ment. L'intérêt que je porte à mon » fils m'engage à inviter les Chambres » à organiser, sans délai, la régence » par une loi. Unissez-vous tous pour

» le salut public, et pour rester une
» nation indépendante.

« NAPOLÉON. »

La nouvelle de l'abdication de Napoléon arracha des larmes à ces valeureuses phalanges qu'il avait si souvent conduites à la victoire, et qui l'appelaient assez communément du doux nom de père. L'armée ennemie, au contraire, sentit redoubler son audace. Les généraux qui la commandaient se décidèrent alors seulement, s'il en faut croire les bruits accrédités à ce sujet, à marcher sur Paris. Les troupes françaises, privées de leur chef, ne leur parurent plus invincibles; ils ne se crurent plus obligés d'être prudens.

Nos généraux essayaient, cependant, de rallier les débris de Waterloo, dans le dessein de sauver la France d'une seconde invasion. Soixante-quinze mille soldats se réunirent donc sous les murs de Paris; mais ceux qui avaient le commandement de cette armée encore redoutable, se montrèrent plus occupés d'obtenir une capitulation honorable, que des moyens d'opposer une vigoureuse résistance; et Davoust se contenta de ranger ses braves en bataille dans la plaine de Grenelle.

Le gouvernement provisoire, d'accord avec les chambres, dans la pensée que Napoléon était le seul obstacle à la paix, pressait son départ. Fouché les avait tellement frappés d'aveuglement, qu'ils ne croyaient pas la victoire possible, et qu'ils s'obstinèrent à empêcher l'empereur de se remettre à la tête des troupes, et de couper l'armée ennemie qui se portait sur Paris, sans avoir pris ses précautions, et sans s'inquiéter des difficultés qu'ils pourraient rencontrer avant de pénétrer jusqu'à cette ville.

Il fallait, pour en agir ainsi, que les généraux ennemis fussent bien assurés de l'inaction de nos soldats.

Il n'est pas moins remarquable de voir les chambres discuter des principes constitutionnels, lorsque déjà les Prussiens cernaient l'enceinte de leurs délibérations. Enfin, après bien des turpitudes, fut signée, par le gouvernement provisoire, la plus honteuse des capitulations; puisqu'on y parle à peine des intérêts de la patrie, et que l'on parut craindre de stipuler quelque chose qui pût assurer la conservation de nos droits. C'est à Fouché que la France a dû ce traité infame; ce traité, que refuserait d'accepter la nation la moins civilisée comme la moins puissante.

Mais revenons à l'homme extraordinaire dont nous écrivons l'histoire. Sa présence importunait Fouché, qui ne cessa ses clameurs, que lorsque l'empereur eut quitté Malmaison. Son départ eut lieu le 29 juin : il arriva le 3 juillet à Rochefort, où deux frégates l'attendaient. Plusieurs généraux essayèrent, mais en vain, de lui persuader de disputer encore la France aux armées coalisées. Il pensa que cette résistance pourrait trop compromettre la patrie, et persista dans son dessein de s'éloigner. On dit qu'il était dans l'intention de passer dans les États-Unis d'Amérique ; mais la crainte de tomber dans quelque piége nouveau, et les conseils de plusieurs personnes qui lui étaient attachées, parvinrent à le distraire de ce projet, et le décidèrent à confier ses destinées aux mains de ses plus mortels ennemis. Il ne prévoyait pas tout ce que lui préparait de désagréable la haine de l'Angleterre. Après avoir fait part de sa détermination au capitaine Maitland, qui commandait le vaisseau anglais le *Bellérophon*, Napoléon se rendit à son bord, suivi du général Bécker. Avant d'y entrer, il s'adressa à ce général, et lui dit ces paroles qui ne mourront jamais : Retirez-» vous, général, je ne veux pas que l'on » puisse dire qu'un Français soit venu » me livrer à mes ennemis. »

La même confiance qui l'avait fait se jeter dans les bras de l'Angleterre, lui dicta la lettre suivante qu'il adressa au prince régent d'Angleterre.

Altesse Royale,

« En butte aux factions qui divisent » mon pays, et à l'inimitié des plus » grandes puissances de l'Europe, j'ai » terminé ma carrière politique. Je » viens, comme Thémistocle, m'asseoir » aux foyers du peuple britannique. Je » me mets sous la protection de ses » lois, que je réclame de votre Altesse » Royale, comme du plus puissant, du

» plus constant, du plus généreux de » mes ennemis.

» NAPOLÉON. »

L'Empereur fut reçu, le 15 juillet, à bord du *Bellérophon*, avec tous les honneurs dus à son rang. Avant de s'y rendre, il avait fait partir le général Gourgaud sur une frégate anglaise, afin d'être tranquille sur la lettre qu'il adressait au prince régent. En montant sur le vaisseau du capitaine Maitland, il dit à cet officier: « Je viens à votre » bord me mettre sous la protection des » lois de l'Angleterre. » Le lendemain, le vaisseau mit à la voile. Arrivé devant Plymouth, Napoléon ne tarda pas à se désabuser sur la *générosité du plus puissant de ses ennemis*; ce qui lui a fait dire plus tard qu'il avait payé bien cher l'idée chevaleresque qu'il s'était faite du peuple anglais. Là commença à se répandre le bruit que Napoléon allait être transporté sur les rochers africains dans l'île de Ste.-Hélène. Le guerrier refusa d'abord d'y ajouter foi, s'imaginant qu'une nation, qu'un roi, ne s'oublieraient jamais jusqu'à violer, de la manière la plus manifeste, tous les droits les plus sacrés. Mais, le 30 juillet, un commissaire, envoyé par le cabinet anglais, l'avertit de tout ce que lui préparait d'odieux la nation qu'il avait la bonne foi de croire capable de générosité.

Après avoir appris sa déportation à Ste.-Hélène, Napoléon protesta de la manière suivante contre cette décision.

» Je proteste solennellement ici, à
» la face du ciel et des hommes, contre
» la violence qui m'est faite, contre la
» violation de mes droits les plus sa-
» crés, en disposant, par la force, de ma
» personne et de ma liberté. Je suis

» venu librement à bord du *Bellérophon*; je ne suis pas prisonnier, je suis l'hôte de l'Angleterre. J'y suis venu à l'instigation du capitaine qui a dit avoir des ordres du gouvernement de me recevoir et de me conduire en Angletrre avec ma suite, si cela m'était agréable. Je me suis présenté de bonne foi pour venir me mettre sous la protection des lois de l'Angleterre. Aussitôt assis à bord du *Bellérophon*, je fus sur le foyer du peuple britannique. Si le gouvernement, en donnant des ordres au capitaine du *Bellérophon* de me recevoir, ainsi que ma suite, n'a voulu que tendre une embûche, il a forfait à l'honneur et flétri son pavillon. Si cet acte se consommait, ce serait en vain que les Anglais voudraient parler désormais de leur loyauté, de leurs lois et de leur liberté. La foi britan-

» nique se trouvera perdue dans l'hos-
» pitalité du *Bellérophon*.

» J'en appelle à l'histoire. Elle dira
» qu'un ennemi, qui fit vingt ans la
» guerre aux Anglais, vint librement,
» dans son infortune, chercher un asile
» sous ses lois. Quelle preuve plus écla-
» tante pouvait-il lui donner de son
» estime et de sa confiance? Mais com-
» ment répondit-on, en Angleterre, à
» une telle magnanimité? on feignit de
» tendre une main hospitalière à cet
» ennemi; et, quand il se fut livré de
» bonne foi, on l'immola. »

» NAPOLÉON. »

A bord de *Bellérophon*, à la mer.

Transporté du *Bellérophon* sur le *Northumberland*, le 7 août, il mit à la voile pour Ste-Hélène. Le 17, en perdant de vue les côtes de la Hogue, il s'écria avec une profonde émotion :

» Adieu, terre des braves! adieu, » chère France! quelques traîtres de » moins, et tu serais encore la grande » nation et la maîtresse du monde! »

Le 16 octobre, il débarqua à Sainte-Hélène, accompagné du petit nombre de Français qu'il lui avait été permis de s'attacher, et que le ministère britannique avait réduit à quatre seules personnes : les généraux Bertrand, Montholon, Gourgaud, le comte de Lascases, et les domestiques.

Le 16 octobre, il arriva sur le rocher africain qu'il ne devait plus quitter. La petite maison de Briars, qui appartenait à un négociant, servit d'abord d'asile au grand homme qui avait rempli le monde de son nom, pendant plus de vingt ans. Deux mois après, l'illustre captif fut transporté à Longwod.

La conduite du gouvernement Britannique, à l'égard de cet homme extraordinaire, est non-seulement contraire aux droits les plus universellement reconnus, mais encore un outrage à l'humanité. La haine de cette puissance le suivit jusques dans son exil. On la vit soigneuse d'entourer Napoléon d'hommes durs et grossiers, chargés de l'abreuver de désagrémens de toute espèce. Tous ses pas étaient épiés; on poussa même l'insolence jusqu'à violer le secret de son cabinet, en employant la force pour y entrer.

On assure même qu'il fut privé de la liberté de régler sa table, et que, pour y pourvoir, et surtout pour fournir aux besoins les plus essentiels des compagnons de son infortune, il se vit réduit à vendre sa vaisselle.

Hudson-Lowe avait été choisi, par l'Angleterre, pour veiller à la garde de Napoléon; et la tyrannie ingénieuse avec laquelle il s'acquitta de cette mission est loin de faire honneur à son caractère.

On s'imagine bien que le moral de Napoléon ne tarda pas à souffrir des vexations continuelles qu'on lui faisait subir, lorsqu'il fut attaqué d'une maladie mortelle, produite par l'insalubrité du climat.

Quelques hommes généreux firent entendre leurs voix pour engager les puissances coalisées à changer le lieu de sa captivité; mais pas une, pas même l'Autriche ne se rendit à ce cri de l'humanité. Au mois d'août 1818, on commençait à s'alarmer sur ses jours, et c'est, à cette époque, que le général Gourgaud écrivit à la princesse Borghèse : « Napoléon se meurt » dans les tourmens de la plus affreuse » et la plus longue agonie. » Quelques mois après, le docteur O'Méara, désespérant de son illustre malade, écri-

vit à l'amirauté « que la vie de Napo-
» léon était en danger, s'il résidait plus
» long-temps dans un climat tel que
» celui de Sainte-Hélène, surtout si
» les périls de ce séjour étaient aggra-
» vés par la continuité de ces contra-
» riétés et de ces violations auxquelles
» il avait été jusqu'alors assujetti. »

Toutes ces réclamations en faveur du *patient* de Ste.-Hélène demeurèrent sans effet ; et le même docteur se vit dans la nécessité d'écrire, en juin 1821, à lord Bathurst « que la crise qu'il avait
» prévue était arrivée, que la mort pré-
» maturée de Napoléon était certaine,
» si le même traitement était continué
» à son égard. »

Nous n'entreprendrons pas de retracer ici tous les excès que la tyrannie de Hudson-Lowe se permit d'exercer sur son illustre prisonnier : l'humanité aurait trop à gémir. Un trait seul suffira pour en donner une juste idée. Le général Bertrand écrivit à lord Liverpool pour lui faire part de la maligne influence du climat de Ste.-Hélène sur la santé de Napoléon, et pour le prier d'amener la coalition à changer le lieu de son exil. Cette lettre n'arriva pas au président du Conseil de S. M. Britannique, parce que *le titre d'empereur, donné à Napoléon*, effaroucha les principes monarchiques de Hudson-Lowe.

Pendant que le temps se consumait ainsi en des négociations que l'histoire voudrait bien s'empêcher de transmettre aux siècles à venir, Napoléon, vaincu par le mal, sentait diminuer ses forces. Les premiers jours de mai, son état devint de plus en plus alarmant, et le cinq du même mois, il expira en jetant un dernier regard sur le buste de son fils, qu'il avait fait placer devant son lit, et en prononçant souvent ces mots d'une voix faible et entre-coupée : *Nation française... rien à mon fils que mon nom!.. mon Fils!.. France!.. France!...*

Le congrès d'Aix-la-Chapelle s'opposa à l'exécution de ses dernières volontés, et les dépouilles mortelles de Napoléon furent enterrées à Ste.-Hélène, par l'ordre des puissances coalisées, malgré le vœu de ce grand homme, formellement exprimé par ces paroles : *Je désire d'être enterré sur les bords de la Seine, au milieu des Français que j'ai tant aimés.*

Ainsi s'éteignit dans la douleur et les privations, sur un rocher aride, et privé de la présence de tous les membres de sa famille, celui qui avait été le maître du monde, et qui, d'un seul mot, avait fait et défait tant de rois.

Nous terminerons en rapportant le

résumé de la vie politique de Napoléon, écrit par lui-même.

« Après tout, disait-il à Ste.-Hé-
» lène, en rejetant le livre d'un histo-
» rien anglais, ils auront beau retran-
» cher, supprimer, mutiler; il leur
» sera bien difficile de me faire dispa-
» raître tout-à fait. Un historien fran-
» çais sera pourtant bien obligé d'abor-
» der l'Empire, et, s'il a du cœur, il
» faudra bien qu'il me restitue quelque
» chose, qu'il me fasse ma part; et sa
» tâche sera aisée, car les faits parlent,
» ils brillent comme le soleil.

« J'ai refermé le gouffre anarchique
» et débrouillé le chaos; j'ai dessouillé
» la révolution, ennobli les peuples,
» et raffermi les rois. J'ai excité tou-
» tes les émulations, récompensé tous
» les mérites, et reculé les limites de
» la gloire. Tout cela est bien quelque
» chose. Eh puis! sur quoi pourrait-on

» m'attaquer, qu'un historien ne puisse
» me défendre ? Serait-ce sur mes inten-
» tions ? mais il est en fonds pour m'ab-
» soudre. Mon despotime ? mais il dé-
» montrera que la dictature était de
» toute nécessité. Dira-t-on que j'ai
» gêné la liberté ? Mais il prouvera que
» la licence, l'anarchie, les grands dé-
» sordres étaient encore au seuil de la
» porte. M'accusera-t-on d'avoir trop
» aimé la guerre ? mais il montrera
» que j'ai toujours été attaqué. D'a-
» voir voulu la monarchie universelle ?
» mais il fera voir qu'elle ne fut que
» l'œuvre fortuite des circonstances,
» que ce furent nos ennemis eux-mê-
» mes qui m'y conduisirent pas à pas.
» Enfin, sera-ce mon ambition ? ah !
» sans doute, il m'en trouvera, et beau-
» coup ; mais de la plus grande et de
» la plus haute qui fut peut-être ja-
» mais : celle d'établir, de consacrer

» enfin l'empire de la raison, et le
» plein exercice, l'entière jouissance
» de toutes les facultés humaines ! et
» ici l'historien, peut-être, se trouvera-
» t-il réduit à devoir regretter qu'une
» telle ambition n'ait pas été accom-
» plie, satisfaite !.....»

FIN.

www.ingramcontent.com/pod-product-compliance
Ingram Content Group UK Ltd.
Pitfield, Milton Keynes, MK11 3LW, UK
UKHW020429200726
13857UKWH00002B/344

9 782012 994232